Heike Maurer

Wenn Männer lügen

Wie Sie ihm auf die Schliche kommen

Rowohlt Taschenbuch Verlag

Veröffentlicht im Rowohlt Taschenbuch Verlag GmbH,
Reinbek bei Hamburg, Januar 2002
Lizenzausgabe mit freundlicher Genehmigung der
Egmont vgs verlagsgesellschaft mbH, Köln
Titel der deutschen Originalausgabe: Heike Maurer,
Wenn Männer lügen – Erfahrungen einer Frau,
die's wissen muß
Copyright © der Originalausgabe:
vgs verlagsgesellschaft, Köln 1999
Textbearbeitung: Karl-Walter Reinhardt
Umschlaggestaltung: Susanne Heeder
(Foto dpa, Deutsche Presse-Agentur Frankfurt)
Satz AdobeCaslon PostScript PageMaker bei
Pinkuin Satz und Datentechnik, Berlin
Druck und Bindung Clausen & Bosse, Leck
Printed in Germany
ISBN 3 499 61301 8

Inhalt

3. *Lügen und Beruf*

4. *Alle Menschen lügen – aber: Frauen lügen anders*

7. Können diese Augen lügen? Wie Frauen Lügen enttarnen und sich vor ihnen schützen können

8. Leben ohne Lügen – geht das überhaupt?

Vorwort

Wenn Männer lügen, so ist das zunächst einmal nichts anderes, als wenn Frauen lügen. Trotzdem beschlich mich immer das ungute Gefühl, dass die Lüge des Mannes aus der Liste der zehn Gebote klammheimlich gestrichen wurde. Und zwar schon vor so langer Zeit, dass Männerlügen inzwischen längst gesellschaftlich anerkannt sind und als Kavaliersdelikt allenfalls beschmunzelt werden. Und so trifft man, wann immer eine Schwindelei trotz hartnäckiger und phantasievoller Beugung der Realität rettungslos aufgeflogen ist, häufig auf einen Homo sapiens masculinus, der mit nahezu kindlichem Erstaunen vor der Wahrheit steht. Doch auch die größte Verblüffung vermag ihn nicht in der Gewissheit zu erschüttern, dass er völlig ohne Schuld ist. Mit dieser Einstellung lebt, liebt und lügt es sich bequem bis luxuriös.

Fraglos fühlen sich sogenannte Luxusfrauen an der Seite eines solchen Mannes glücklicher. Denn viele wissen die Klarheit eines Diamanten höher zu schätzen als die Klarheit der Mannesrede und vertrauen dem Summen eines Acht-Zylinder-Motors eher als den Worten seines Fahrers. Indes: Nicht jede Frau ist zu einem solchen Leben gegenseitigen (Wahrheit-)Nehmens und (Güter-)Gebens geschaffen. Unwahrheit, Schwindelei, Wahrheitsbeugung − die Bandbreite der Bezeichnungen für Lügen ist so vielfältig wie die Lüge selbst. Vernachlässigen kann man die Höflichkeitslüge. Ohne sie wäre menschliche Kommunikation so gut wie unmöglich. Aufschneiderei oder Prahlerei fallen wohl eher in die Kategorie der «Kleiner-großer-Junge»-Lügen, die bei Frauen oft auch auf liebevolle Anteilnahme stoßen. Anders aber verhält es sich bei jenen Lügen, die an die Substanz des Belogenen gehen. Je intimer die Beziehung zweier Menschen, desto größer erscheint mir der Verrat und desto schmerzhafter der Vertrauensverlust. Und es braucht zeitlichen und emotionalen Abstand, bis der zornige Blick zurück wieder milder wird. Wie heißt es so schön: Man muss erkennen, woher man kommt, damit man weiß, wohin man geht.

Liebe deinen Nächsten mit einem wachsamen und einem milden Auge – dies möchte ich allen Leidensschwestern raten. Wobei der Nächste nicht unbedingt ein Neuer sein muss. Das lachende wachsame Holzauge kann durchaus auch viel Spaß mit dem Alten haben. Vor dem Spaß jedoch stehen viel Ernst und Arbeit. Selbst nach immerhin fast zwei Jahren, die zwischen meiner Erkenntnis, dass geliebt, gelobt und angebetet zu werden nicht vor Betrug und Lüge schützt, hat mich dieser Ernst noch eingeholt. Und ich gebe zu, dass ich beim Schreiben der ersten Kapitel noch so manche Träne vergossen habe. Diese taschentuchreichen Emotionsbekundungen mögen mich dazu verleitet haben, meine persönliche Geschichte sehr detailliert zu erzählen. Ich hoffe, die Beteiligten werden verstehen, dass dies eine Gratwanderung zwischen Diskretion und Emotion war. Ich wollte niemandem zu nahe treten, doch ich wollte auch so nahe wie irgendmöglich bei mir selbst bleiben.

1. Leider kein Film

Das Verhängnis der Wahlwiederholung – oder: Wie alles begann

Hätte mir jemand diese Geschichte erzählt, hätte ich mich wahrscheinlich köstlich amüsiert. Aber wenn man selbst so etwas erlebt, vergeht einem das Lachen. Und es dauert eine ganze Weile, bis es wieder zurückkehrt. Immerhin, heute empfinde ich die Situation als komisch und kurios, geradezu kabarettreif. Doch damals …

Es geschah an einem Freitagabend, kurz vor dem ZDF-Krimi. Die Moderationen für den späteren Abend hatte ich gerade aufgezeichnet, und da der in fünf Minuten beginnende *Fall für zwei* keine Ansage verlangte, konnte ich in Ruhe entspannen. Zwar hatte ich mich für den Notfall zur Verfügung zu halten, blieb also – wenn das Programm wegen eines unvorhergesehenen Ereignisses kurzfristig umgestellt werden musste –, wie man so schön sagt, «auf Standby». Aber die Lage schien ruhig.

Ich fühlte mich rundum gut. Und hungrig. Ich dachte an den Klassiker der ZDF-Kantine, kurz «Schniposa» genannt, also Schnitzel, Pommes und Salat, und schaute auf meine Hüften: 2400 Kalorien oder Krimi pur, das war die Frage. Zugegeben, keine quälende Alternative, keine Entscheidung, der man mit Bauchgrimmen entgegensehen musste, höchstens mit Magenknurren. Aber bevor ich mich mit dieser Problematik auseinander setzen konnte, hatte mir das Telefon die Frage Schniposa oder Krimi bereits abgenommen. Mit dem Klingeln hatte ich nicht nur einen eigenen Fall für zwei, sondern hätte auch gleich Privatdetektiv Matula und Rechtsanwalt Dr. Frank mit beschäftigen können.

Das Telefon auf meinem Schreibtisch ist eines jener ganz modernen, mit schickem Display und allerlei Schnickschnack. Mit Technik am Telefon indes hatte ich nicht viel im Sinn. Wollte ich jemanden anrufen, wählte ich die entsprechende Nummer; wurde ich selbst angerufen, nahm ich den Hörer ab und sprach. Basta.

Es versteht sich von selbst, dass das Hochleistungstelefon auf meinem Schreibtisch natürlich auch die Möglichkeit eröffnete, den Anrufer über die im Display erscheinende Nummer zu erkennen. Es hat einige Zeit gedauert, bis ich ab und an den erweiterten Telefon-Luxus nutzte und vor dem Abnehmen des Hörers einen Blick aufs Display warf, um vorab den Anrufer zu identifizieren. Der Nachteil dabei ist, dass die Spannung verloren geht. Wie bei der Ultraschalluntersuchung beim Gynäkologen, wenn das «Display» der werdenden Mutter das Geschlecht ihres Kindes verrät.

Als es kurz nach 20 Uhr klingelte, war ich sicher, dass es Jo sei, mein Mann, mit dem ich seit fünf Jahren verheiratet war. Jo war an diesem Tag beruflich in Norddeutschland gewesen. Er sagte, er sei gerade auf dem Kölner Hauptbahnhof angekommen und würde jetzt umsteigen in den Zug nach Utrecht. An der dortigen Universität hatte Jo einen Lehrstuhl als Medien-Psychologe. Da er in seinem Fach als Experte galt, war er ein gefragter Berater und Redner.

Jo's Stimme klang etwas müde. Die Gespräche seien gut verlaufen, aber jetzt sei er sehr erschöpft. Wir könnten am späteren Abend doch nochmal telefonieren. Vielleicht wenn ich vom Sender zu Hause in Frankfurt angekommen sei. Ich sollte es ruhig etwas länger klingeln lassen, denn so müde, wie er sich jetzt fühlte, könnte er schon eingeschlafen sein. Aber er würde sich riesig freuen, wenn ich es trotzdem versuchte. Dann schloss Jo mit warmer, zärtlicher Stimme: «Ich liebe dich.»

«Ich liebe dich auch», sagte ich. «Sogar noch ein bisschen mehr als das: Ich spüre wieder dieses Verliebtsein wie früher, wie am Anfang unserer Beziehung. Ich habe Schmetterlinge im Bauch.»

«Mir geht es genauso.» Jo's Stimme klang offen und ehrlich, als er dies zu mir sagte.

Ich fühlte mich wie die Hauptfigur in einem Hedwig-Courths-Mahler-Roman: Das Leben war schön. Ich hatte einen Mann, der mich liebte und den ich liebte. Offensichtlich hatten wir unsere kleine Krise der letzten Wochen überwunden. Ich dachte an den Tag, als wir uns kennen lernten, damals, vor sechseinhalb Jahren. Es war während einer ZDF-Sendung, bei der Jo als Medien-Experte und ich als Moderatorin auftraten. Es war, als hätte uns ein doppelter Blitzschlag getroffen. Ein dreiviertel Jahr später zogen wir zusammen, ein paar Monate darauf heirateten wir.

Wir ergänzten uns wunderbar, hatten den gleichen Humor, die gleiche Einstellung zum Leben, fühlten und dachten – wie wir fanden – fast kongruent. Und ich genoss es, von Jo geliebt zu werden. Es schien, als hätte er einen kleinen Altar für mich gebaut, um mich bewundern und anbeten zu können. Ich schien seine Göttin zu sein. Wenngleich ich mich nicht so fühlte – so ganz ohne Reiz war diese Rolle nicht.

Doch leider spürte ich allmählich, dass die Anbetung durch einen Mann auch Distanz schafft. Und ich fühlte mich in meiner exponierten Stellung auf dem Sockel zunehmend unwohler. Ich wollte weder mein eigenes Denkmal sein, noch war ich aus Stein. Wir sprachen und stritten darüber. Es kamen Phasen der Kälte, gar der Gleichgültigkeit. Aber sie hielten nicht lange an. Das Vertrauen, die geistige Nähe waren stärker. Wir richteten uns daran auf, wuchsen mit den Schwierigkeiten. Wir überwanden die Distanz, kamen uns wieder nahe. Und es begann eine neue Zeit der Verbundenheit, Vertrautheit, Verliebtheit. So war es, oder besser: So empfand ich es. Denn Jo versicherte mir immer wieder, ich sei die Frau seines Lebens.

Da war sie also wieder, die Gewissheit, ein Traumpaar zu sein. Spätere Silberhochzeit nicht ausgeschlossen. Noch heute erinnere ich mich genau an dieses Gefühl von Zuversicht und Glück, weil ich diesen Moment wie in Zeitlupe erlebte. Und ich erinnere mich, dass ich mir dessen voll bewusst war. Ich wusste, es sind jene Momente, die leider sehr rar sind und die es deshalb im Gedächtnis zu verankern gilt. Gelingt dies, ist ihre Langzeitwirkung so stark, dass dieses traumhafte Gefühl noch viele Jahre danach abrufbar ist. Bedauerlicherweise auch das anschließende Trauma. Zwischen Traum und Trauma lagen drei Sekunden. Als ich den Hörer auflegte, dachte ich so voller Liebe an meinen Jo, dass ich mir fest vornahm, ihn spät abends in Utrecht nicht mehr anzurufen, um ihn nicht aus dem verdienten Schlaf zu reißen. Drei Sekunden später klingelte erneut das Telefon. Durch Zufall blickte ich auf das Display und erkannte Jo's Handy-Nummer. Ich war gut gelaunt und glücklich. Meine Stimme klang deshalb frisch und beschwingt, und so meldete ich mich mit einem zwar schlichten, aber hocherfreuten: «Ja?»

«Sag mal, willst du schon mal eine Pizza bestellen, ich habe einen solchen Hunger, ich bin gleich bei dir.» Peng!

An das, was in und mit mir nach diesem Satz geschah, erinnere ich mich noch bis ins kleinste Detail, ganz so, als wäre es gerade erst passiert. Anfangs war es, als säße ich in einem Film, der abrupt angehalten wurde. Zeit und Herz blieben stehen. Und sekundenlang durfte ich mich als Zuschauer fühlen, der als Unbeteiligter einer Katastrophe beiwohnt. Dann meldete sich der Verstand. Fieberhaft suchte er nach immer neuen Verknüpfungen: Vielleicht war Jo statt nach Utrecht nach Mainz gefahren, um mich zu überraschen … Womöglich hat er sich nur einen Scherz erlaubt … Wahrscheinlich war es gar nicht Jo's Stimme, die ich gehört hatte …

Während mein Gehirn nach Rettungsringen Ausschau hielt, gefroren meine Gefühle zu Eis. Plötzlich war alles sehr simpel und klar: Jo hatte eine Geliebte. Er wollte sie per Kurzwahl anrufen, drückte aus Versehen die Wahlwiederholungstaste und landete bei mir. Tücken der Technik – modernes Telefon zerstört glückliche Ehe. Die Gefahrenanalysen zur aktuellen Telefontechnik, im Nachhinein von der Presse, die unseren Fall begierig aufgriff, genüsslich präsentiert, kamen für uns zu spät.

Ich weiß nicht, wie lange die Pause war, die ich brauchte, um auf Jo's Pizzabestellung zu antworten, aber sie wurde zum berühmten Break in meinem Leben.

«Jo, du weißt doch, mit wem du redest? Mit wem willst du eine Pizza essen? Wo bist du?»

Die Antwort kam fast trotzig: «In Köln bin ich.»

«Und weißt du, wo ich bin?»

«Ja, in Mainz!»

«Und mit wem willst du die Pizza essen? Ich habe nur eine Bitte, Jo: Lüge jetzt nicht. Das ist das Einzige, was du jetzt für mich tun kannst. Nicht mehr lügen! Jo, sag was!»

«Ja … ich komme nach Mainz.»

«Nein, sag mir die Wahrheit!»

«Ich komme nach Mainz und erzähle dir alles.»

«Wie lange kennst du sie?»

«Ich komme nach Mainz, ich möchte zu dir kommen.»

«Nein! Dumm gelaufen, du hast die falsche Taste gedrückt.»

«Ich bin in anderthalb Stunden am Mainzer Bahnhof.»

«Liebst du sie?»

«Nein, ich liebe nur dich!»

«Warum, Jo?»

«Ich komme zu dir.»

Sehr langsam legte ich den Hörer auf. Und dann kam er, der Schmerz. Gibt es brennende Eisblöcke in der Größe von Wassermelonen? Und falls ja, wie kriegt man sie wieder weg? Rhetorische Fragen ohne jeden Sinn schossen mir durch den Kopf. Es war aussichtslos. Keine Frage und schon gar keine Antwort konnten mir helfen.

Mir schossen die Tränen in die Augen. In dem Moment klopfte es. Astrid, eine Kollegin, stand in der Tür.

«Willst du einen Kaffee? Um Gottes willen, Heike, was ist passiert?»

«Ein Schnaps wäre mir lieber», entgegnete ich und hielt pseudotapfer die Tränen zurück.

Glücklicherweise kannte Astrid ein kleines Depot für Notfälle. Nach einer Minute kam sie zurück, mit einem Mix aus drei Schnäpsen. Geschüttelt oder gerührt, keine Frage – Hauptsache ex.

«Willst du reden?», fragte sie.

Wollen? Auch das war keine Frage – ich musste.

Ich zündete mir eine Zigarette an. Meine Hände zitterten, und die Stimme klang wie eine Achterbahn: «Gut, dass ich nicht mehr auf den Schirm muss. Ich glaube, mein Gesicht bekäme heute die beste Maskenbildnerin nicht mehr hin. Mir ist gerade etwas passiert, von dem ich nie gedacht hätte, dass es mir passieren würde. Jo hat eine Geliebte …» Dann erzählte ich Astrid die Geschichte. Und ich erzählte sie so, als hätte sie mit mir nichts zu tun, und legte den Schwerpunkt auf die skurril-komische Art der Entlarvung.

«Kennst du die gefährlichste Taste am Telefon?», fragte ich Astrid und gab ihr gleich die passende Antwort: «Die Wahlwiederholung.» Ich berichtete von meinem zerstreuten Professor Jo, dem bedauernswerten Opfer moderner Technik. Ich glaube, ich lachte sogar ein paarmal. Astrid lachte mit, aber sie wusste auch, dass ich jetzt die Coole spielen musste. Es war Galgenhumor in Reinkultur.

Normalerweise bin ich irritiert, wenn andere gleich ihre eigenen Leidensgeschichten auftischen, kaum dass man ihnen von seinem eigenen Problem erzählt hat. Doch als Astrid mir schilderte, wie sie herausfand, dass ihr Freund sie betrog, und wie sie wieder aus ihrem Tief herauskam, dachte ich, dass Frauen wirklich Stärke haben. Einfach weil sie in der Lage sind, ihre ureigensten Gefühle mit allen Schwächen zu zeigen. Sie müssen einander nichts vormachen.

Astrids Geschichte war für mich ein «Welcome to the Club», dem Club der Frauen mit Fremdgängern. Astrid erhielt ihre Mitgliedskarte, nachdem sie in der Wohnung ihres Partners in der Ritze des gemeinsamen Bettes einen Ohrring gefunden hatte. Denselben Ohrring hatte sie tags zuvor am Ohr einer angeblich flüchtigen Bekannten ihres Freundes gesehen. Merket, Männer: Nicht nur auf die tückischen Wahlwiederholungstasten ist zu achten, auch Schmuckstücke sollten vor der einsetzenden Hektik abgenommen werden!

Die Aussprache – oder: Was ich aus meinem Mann herausquetschte

«Hallo, Jo!»

«Hallo!» Jo stieg in mein Auto. Er hatte beim ZDF-Pförtner gewartet. Ich hatte mir fest vorgenommen, ihn zuerst reden zu lassen. Doch Jo schwieg. Endlos. Etwas, das einem sprachgewandten Menschen wie ihm nicht so schnell passiert. Eine halbe Stunde sagte Jo kein Wort. Dann konnte ich nicht mehr und platzte los:

«Soll ich mir deine Erklärungen selber zusammenreimen? Warum redest du nicht?»

«Ich rede ja. Ich weiß nur nicht, wie ich anfangen soll.»

«Okay, also, wie heißt sie?»

«Ann.»

«Wie alt?»

«Dreiunddreißig.» Na klar, hätte ich mir denken können: Ehemann betrügt Ehefrau mit jüngerer Geliebten.

«Wie sieht sie aus?»

«Nicht so schön wie du.»

«Was soll das …»

«Na ja, sie ist ganz hübsch, aber lange nicht so schön wie du.» Das sollte mich wohl beruhigen.

«Sicher hat sie einen wunderbar dicken Hintern und wahrscheinlich auch einen solchen Busen.»

Jo nahm den Ball dankbar auf: «Ja, vielleicht war das der Grund, es war so schön fremd, so unpersönlich, und sie hat keine Ansprüche gestellt.»

«Und wie lange geht das schon?»

«Drei Wochen.»

«Jo, lüg mich nicht an. Man bestellt keine Pizza, wenn man nur eine Affäre, ein Abenteuer hat. Pizza isst man zusammen im Bett und guckt dabei einen Spielfilm.»

«Also gut, seit drei Monaten.»

«Liebst du sie?»

«Nein!»

«Warum dann?»

«Es war eine Insel.» Geistert Robinson Crusoe auch im Kopf erwachsener Männer herum?

«Was heißt das?», fragte ich.

«Es hat nichts zu bedeuten.»

«Wie?»

«Ich habe sie nicht geliebt, es war nur eben wie eine Insel.» Es folgte eine endlose Diskussion über die Bedeutung bzw. Bedeutungslosigkeit des Verhältnisses. Schließlich rief Jo gar überirdische Schicksals-Strategen auf den Plan:

«Es war sicher kein Zufall, dass ich die Wahlwiederholung gedrückt habe. Ich bin froh, dass du es jetzt weißt.»

Derweil mutierte ich zur Voyeurin, indem ich alle intimen Details, die mir nur einfielen, aus Jo herausquetschte. Es kam mir vor, als könnte ich durch dieses Wissen den Vertrauensbruch ungeschehen machen. Ich wollte wieder seine Komplizin, seine Vertraute sein und die Frage klären: Was hat sie, das ich nicht habe?

Jo versuchte einzuschlafen. Aber ich ließ nicht locker, weckte ihn immer wieder auf und fragte, fragte, fragte. Als ich am nächsten Morgen um 10 Uhr meinen Dienst im Sender antrat, hatte ich keine Sekunde geschlafen. Meine Ansagen brachte ich dennoch, mit eisernem Willen, ohne Pannen über die Bühne. Wieder zu Hause, läutete ich, noch immer konditionsstark, Runde zwei ein. Jo zeigte sich sehr besorgt und voller Mitgefühl. Er wüsste, sein Vertrauensbruch sei durch nichts zu entschuldigen oder ungeschehen zu machen. Aber eines müsste ich ihm glauben: er liebe mich und wolle mich auf keinen Fall verlieren. Das mit Ann habe ihm nichts bedeutet.

«Gut», entgegnete ich, «dann sag ihr das. Ich möchte gerne mit anhören, wenn du ihr mitteilst, dass du sie nicht mehr sehen wirst.» Es war Misstrauen und sicher auch eine Spur von Sadismus, was ich in diesem Moment offenbarte. Und so wurde ich Zeuge von

Jo's Absage an Ann. Ungewollt hörte ich dabei Anns verzweifelte Stimme aus dem Telefonhörer:

«Jo, das kannst du mir nicht antun, du zerstörst mein Leben.»

Wurde da wirklich nur eine unbedeutende kleine Affäre beendet? Mein Alarmsystem lief auf Hochtouren, doch am Ende gab ich auf. Jo kann wunderbar reden. Und er hat einen Sinn fürs richtige Schlusswort. Es lautete: «Bitte verzeih mir, gib uns noch eine Chance. Ich werde alles für uns tun. Ich liebe dich. Ich weiß, das Vertrauen ist weg, aber die Taten werden für sich sprechen. Ich werde dir beweisen, dass du dich auf mich verlassen kannst.»

Jede Krise ist eine Chance – oder: Der zweite Verrat

In den folgenden sechs Monaten kämpften wir, Jo und ich. Mal jeder für sich, mal beide zusammen. Ob so oder so – es war ein Kampf für eine gemeinsame Sache, den Fortbestand unserer Beziehung, den Erhalt unserer Ehe. Wir gingen durch alle Höhen und Tiefen, stritten für unsere Liebe, unsere Wünsche und Sehnsüchte. Und ich hatte das positive Gefühl, auf dem richtigen Weg zu sein. Gemeinsam mit Jo. Manchmal kam es mir so vor, dass die Erfahrung des sexuellen Betrugs mich menschlich sogar weitergebracht hatte. Schließlich befand ich mich im Club der betrogenen Ehefrauen in bester Gesellschaft. Außerdem dachte ich: Eine Ehe muss so etwas aushalten können.

Ich sah mir den Film *Club der Teufelinnen* an, in dem sich drei Frauen die abenteuerlichsten Strategien zur Bestrafung ihrer Männer einfallen lassen. Diesem Club aber, so beschloss ich, wollte ich nicht beitreten, jedenfalls noch nicht.

Ich hatte ein bisschen Demut vor der Wahrheit gelernt, vor der

Wahrhaftigkeit, Schwächen zu zeigen, Ängste zu fühlen, Verletzlichkeit zu erfahren. Ich lernte auch, Eitelkeiten zu überwinden: Ich fühlte mich nicht mehr gedemütigt, sondern als Frau an der Seite ihres Mannes.

Mein Mann wiederum bemühte sich, endlich seine Schwächen zuzulassen, seine ganze Persönlichkeit zu präsentieren, nicht immer nur Jo den Starken spielen zu wollen, sondern wahrhaft stark zu sein, indem er seine Schwächen bejahte. Jo stand zu seinem Fehltritt, versprach mir aber immer wieder, dass so etwas nie mehr passieren würde, dass das Thema Ann für ihn auf ewig erledigt sei. Wir hatten beide, dessen war ich mir sicher, unsere Lektion gelernt. Unser gemeinsames Leben hatte wieder eine Zukunft.

Die Distanz zu meinem Schmerz an jenem Freitag im ZDF wurde von Gespräch zu Gespräch, von Tag zu Tag größer. Neben meinem Optimismus konnte auch wieder mein Sinn für Humor gedeihen. Eines Tages fiel mir ein SPIEGEL *special*-Heft in die Hände. Darin beschrieb der Hamburger Journalist Pascal Morché unter der verständlicherweise meine Neugier weckenden Überschrift «Drücke Wahlwiederholung» einen mitleiderregenden Bericht über die Gefahren für untreue Ehemänner durch unablässige High-Tech-Überwachung. Tenor: Wer nicht jede neue Computer- und Kommunikationstechnik beherrsche, könne in übelste Eheprobleme geraten.

Da las ich dann amüsiert von den Fallen, die moderne Telefone stellen, inklusive wertvoller Tipps von Mann zu Mann: Seitenspringer sollten doch darauf achten, die Kennung von Displays zu sperren, Mailboxen codieren, PIN-Codes für sich behalten, Fernabfragen von Anrufbeantwortern verstecken oder auch ganz banale Dinge lernen, zum Beispiel, was ein schnurloses Sinus 43D von einem Sinus 43 unterscheidet – das Sinus 43 zeigt bei der Wahlwiederholung die letzten drei gewählten Nummern auf dem Display, das Sinus 43D aber nur die letzte.

Besonders arm dran, so der Autor, dessen Bericht für Jo leider eben erst nach seinem Wahlwiederholungs-GAU erschien, seien untreue Zeitgenossen mit lästigem ISDN-Anschluss. «So ein Ding nämlich kann sich bis zu 20 Nummern merken, wenn man es als Anrufbeantworter benutzt. Einfach auflegen, wenn der Anrufbeantworter dran ist, und wieder in die Anonymität abtauchen, das gilt nicht mehr. Und wehe, wenn die Ehefrau nach dem Endgerät fragt, das sich hinter jener Nummer verbirgt, die siebenmal vergeblich versucht hat, ihren Ehemann zu erreichen. Ob im Weißen Haus oder im Reihenhaus, das keimende Misstrauen der Mitmenschen rüttelt am Machtgefüge.» Zumal, wenn fürs Mithören und Mitschneiden von Gesprächen die Deutsche Telekom das Sinus 54 AB mit integriertem Anrufbeantworter empfiehlt. Alles Tipps, die Jo zu Zeiten gut hätte brauchen können.

Nicht genug des Telefon-Technik-Terrors. Beklagen kann Mann auch die stetig wachsenden Warteschlangen in Hotels beim Auschecken. Weil auf den Rechnungen neben den Telefonkosten penibel die jeweils angewählten Nummern aufgelistet sind, müssen die Ungetreuen den Mann an der Rezeption notgedrungen um einen neuen Ausdruck ohne Telefonnummern bitten. Folge: Unnötige Verzögerungen, wartende Fremdgänger. Dass Ehefrauen ihren Männern auf die Schliche kommen, indem sie zwei Kinokarten im Jackett entdecken, kommt heutzutage nicht mehr allzu oft vor. Zeitgemäßer dagegen Dialoge wie dieser: «Liebling, ich musste ein weiteres Mal übernachten, das Meeting wurde verlängert.» – «Und warum steht dann auf der Hotelrechnung, dass du bereits gestern morgen um halb elf ausgecheckt hast? Wo also warst du einen Tag und eine Nacht? In der Jugendherberge?»

Auch vor intimen E-Mails sollten sich untreue Männer hüten. Wer nicht die Adressen löscht, läuft Gefahr, dass seine Frau die angewählte Auserwählte im Sendeverzeichnis aufspürt.

Vielleicht hätte ich ja als Beherrscherin moderner Kommunikationstechniken Jo schon früher ertappt. Wie auch immer: Ich lernte, meine Situation bisweilen auch mit tragischer Komik in Verbindung bringen zu können. So amüsierte mich beispielsweise, dass ich meinen «Fall» in dem Roman *Fegefeuer der Eitelkeiten* von Tom

Wolfe wiederfand: Um ungestört mit seiner Geliebten telefonieren zu können, nimmt ein Mann seinen Hund und geht mit ihm auf die Straße. Er greift zum Telefon, um die Freundin anzurufen, wählt jedoch aus Versehen die Nummer zu Hause. Die Ehefrau meldet sich, der Ehemann verhaspelt sich – und ist ertappt. Offenbar hatte Jo dieses Buch nicht gelesen.

Das Lachen verging mir an einem Morgen im Februar. Ich war in unserer gemeinsamen Wohnung in Utrecht. Jo hatte schon früh das Haus verlassen. Ich war gerade dabei, mir eine zweite Tasse Kaffee zu holen, als das Telefon klingelte.

«Maurer …»

«Hier spricht Ann, guten Tag!»

«Oje!» Mein Ausruf kam ebenso spontan wie ahnungsvoll. Da war er wieder, der brennende Eisbrocken, zwar nicht mehr melonen-, aber immerhin noch apfelsinengroß, und er passte komfortabel in meinen Magen.

«Ich möchte, dass Sie wissen, dass sich Jo nie von mir getrennt hat. Und er wird sich auch nie von mir trennen. Außerdem sind wir schon zwei Jahre zusammen. Ich weiß, Jo hat Ihnen gesagt, es wären nur zwei oder drei Monate. Aber das stimmt nicht. Und wir haben uns auch die ganze Zeit danach gesehen.»

«Was wollen Sie? Warum sagen Sie mir das?»

Noch heute erstaunt mich, was in diesem Moment in mir vorging. Das Feuer um den Eisbrocken erlosch schlagartig, ich spürte nur noch Kälte. Es war wie eine Anästhesie durch Kälteschock. Kalt und nüchtern funktionierte nun auch mein Gehirn. Mit kühler Präzision fragte ich Ann ab. Ich erfuhr, wie oft sie sich sahen und vor allem, wo. Ich hörte, wann und in welchen Situationen ich die beiden durch meine Anrufe gestört hatte. Ich wurde gewahr, welche Ausreden erfunden wurden, um Jo's Lügen glaubhaft erscheinen zu lassen. Ann erzählte mir, er hätte ihr gesagt, dass er sie liebte und dass sie mit ihm den Traum durchgespielt hätte, an einem afrikanischen See zu leben und drei Kinder zu haben. Es war ihr wichtig, mir klarzumachen, dass es sich zwischen ihr und Jo nicht nur um eine Bettgeschichte handelte, sondern darum, dass sie zwei Jahre auf seine Entscheidung gewartet hatte.

Verglichen damit hatte ich es doch noch gut, dachte ich und spürte sogar ein gewisses Solidaritätsgefühl mit der Rivalin. Das fehlte mir gerade noch, dass ich für Jo's Geliebte Sympathie entwickelte! Und dennoch: Bei aller Fassungslosigkeit empfand ich für Ann so etwas wie Verständnis, fast Mitgefühl. Jo hatte fraglos mit uns beiden gespielt. Nun aber, sagte Ann, sei sie stark genug, Jo zu verlassen. Ich versuchte sie zu einem Gespräch zu dritt zu überreden, um Jo mit all diesen Fakten zu konfrontieren. Doch Ann lehnte ab. «Das möchte ich ihm nicht antun», sagte sie. Wieder keine Kandidatin für den Club der Teufelinnen.

Was ich in diesem Augenblick fühlte, kann ich auch heute noch nicht genau beschreiben. Ich lief sehr langsam auf und ab und dachte nach. Ich war ausgesprochen ruhig. Doch es war wie diese ungesunde Ruhe vor dem Sturm. Ich rief Jo in seinem Büro an und forderte ihn auf, gleich nach Hause zu kommen. Obwohl ich keine Begründung genannt hatte, fragte er nicht nach. Er musste sofort nach unserem Telefonat aufgebrochen sein, denn schon fünfzehn Minuten später kam er zur Tür herein.

«Ann hat angerufen», empfing ich ihn.

«Was wollte sie?», fragte Jo nach vielen Sekunden, doch sein Tonfall signalisierte keinerlei Interesse an einer Antwort.

Ich blieb ohne Mitleid. «Sie sagte mir, dass ihr euch nie getrennt habt und dass eure Liebe schon zwei Jahre andauert.»

«Anderthalb Jahre», korrigierte Jo kindisch.

«Das macht keinen Unterschied. Du kannst dir sicherlich vorstellen, dass ich dir nie mehr etwas glaube.»

Dann brach der Sturm los. Ich begann zu schimpfen, zu schreien, zu drohen. In mir machte sich eine Zerstörungswut breit, wie ich sie noch nie erlebt hatte. Gegen alles, was Jo mochte. Ich griff zu einem Küchenmesser, das große scharfe mit dem Samuraischliff, und sah meinen Mann an. Wie in *Psycho II* wollte ich das arglose Sofa malträtieren, von dem ich jetzt wusste, dass Jo nicht nur mit mir darauf gesessen hatte. Andere Möglichkeiten wollte ich mir gar nicht erst vorstellen.

Jo musste meinen Griff zum Messer missverstanden haben. Ich weiß nicht, was er mir in diesem Augenblick an Kurzschlusshandlungen zutraute – jedenfalls genoss ich den Anblick eines Mannes, der das Haus so schnell verließ, als wären sämtliche Horrorgestalten dieser und anderer Welten, von Aliens bis Zombies, hinter ihm her.

Ich schloss die Tür, erbarmte mich des Sofas – was konnte es schon dafür? – und legte das Messer in die Schublade zurück. Innerlich lächelte ich den Protagonistinnen vom *Club der Teufelinnen* zu und nahm mir Jo's geliebte Glassammlung vor: alte geschliffene Gläser, allesamt Sammlerstücke, kostbare Mokkatässchen, schwere Kristallkaraffen, teure Vasen. Ich trug sie ins Badezimmer. Dort warf ich sie auf den Marmorboden, nacheinander, Stück für Stück, wie beim Polterabend, nur in schlechterer Stimmung.

Fürs große Finale hob ich mir ein riesiges Segelschiff auf, das wir uns drei Monate zuvor aus Mauritius mitgebracht hatten. Ich musste es zweimal zu Boden schleudern, weil die Masten den ersten Wurf noch überstanden hatten. Dann ging ich ins Schlafzimmer und weinte.

Von Trittbrettfahrern und Tröstern – oder: Was danach geschah

Um seelische Schmerzen bewältigen zu können, brauche ich Kommunikation in jeder Form: nicht nur in Wort, auch in Schrift und Bild. Wichtig waren die vielen Fachbücher von Psychologen, Therapeuten, Soziologen, Verhaltensforschern, die ich gelesen, ja verschlungen habe. Sehr geholfen haben mir auch die Gespräche mit anderen, zu zweit oder vor einem Millionenpublikum – so etwa, als ich Alfred Biolek in seiner Talkshow Rede und Antwort stand.

Ich habe mit vielen Freundinnen und Freunden über meine Situation gesprochen. Dabei erzählten mir fast alle, dass auch sie schon mal ähnliche Dinge mit einem Partner erlebt hatten. Das tröstete mich schon einmal. Nach dem ersten Geständnis meines Mannes rieten mir meine Freunde durchweg, die Beziehung zu Jo nicht aufzugeben. Doch nachdem er mich zum zweiten Mal betrogen hatte, meinten auch die anderen, nun sei es genug.

Ich habe auch mit Paaren geredet, die schon sehr lange zusammen sind, und sie nach dem Geheimnis ihrer dauerhaften Partnerschaft gefragt. Die Antwort eines Mannes beeindruckte mich am meisten: «Meine Frau ist eine sehr kluge Frau.» Ich denke, er wollte damit sagen, dass es wichtig ist, in einer Beziehung nicht alles zu hinterfragen. Doch wenn Offenheit verlangt wird, muss sie auch demonstriert werden.

All diese Gespräche waren mir eine große Hilfe, wieder klarer und distanzierter über das nachzudenken, was ich erlebt hatte. In der ersten Phase ging es aber auch darum, im praktischen Leben mit meinem Schmerz und der Trauer umzugehen, sie zu bekämpfen und zu verarbeiten. Dafür gibt es zwei Möglichkeiten.

Die eine: Man zieht sich ganz in sich selbst zurück, heult sich die Seele aus dem Leib und kommt nach Monaten geläutert, gereinigt und um zwei Tränensäcke und viele Erfahrungen reicher wieder aus dem Tief heraus. Dazu braucht man geduldige Freunde und einen Chef, der voller Zuversicht auf die baldige emotionale Genesung seiner Mitarbeiter wartet und einem Aufgaben zuweist, die auch mit halber Aufmerksamkeit zu bewältigen sind.

Die andere Möglichkeit: Man baut sich mit Arbeit, Terminen, Kinogängen und Rendezvous total zu, lässt Tränen nur in Form eines trockenen Aufschluchzens zu und ersetzt den Schlaf durch ein kurzes Erschöpfungskoma. Dazu braucht man eine gute Anzahl Ex Geliebter, neue Bewerber, Hausfreunde, unternehmungslustige Singlefreundinnen, eine herausragende Konstitution und Kollegen, die einem das fehlende Lächeln nachsehen. Ich hatte mich für Möglichkeit Nummer zwei entschieden, von einigen nächtlichen Ausrutschern in Nummer eins mal abgesehen.

Beginnen wir mit den Ex-Geliebten. Wie von Zauberhand dirigiert, kamen sie fast im Gleichschritt aus ihren Schlupflöchern, zum Teil auch aus «funktionierenden Beziehungen», um ihre Anteilnahme zu bekunden. Manchmal blieb es bei einem Telefonat («Wir sollten uns unbedingt einmal wieder sehen»), manchmal ergab sich auch ein Abendessen. Ausnahmslos beschlich mich dabei das untrügliche Gefühl, dass neben dem Interesse an meiner Person auch das Angebot zur Aufwärmung unserer erkalteten Liebesbeziehung mitschwang. Natürlich schmeichelt es einerseits, wenn man auch nach Jahren noch auf einstige Liebhaber Anziehungskraft ausübt; auf der anderen Seite konnte ich mich des Eindrucks nicht erwehren, dass es den Herren vorwiegend um die Komplettierung ihres Harems ging.

Es passte gut, als ich in jener Zeit im Fernsehen einen Tierfilm sah, in dem von einem Männchen der Spezies Käfer berichtet wurde. Der krabbelnde Potenzprotz überfiel monatelang immer neue Weibchen, schleppte sie in seine Höhle und machte sie bewegungsunfähig. Er reihte die Armen penibel nebeneinander auf und wartete bis zum Ende des Sommers. Dann nahm er sich die stattliche Anzahl von fast zwanzig Käferweibchen vor und begattete sie, eins nach dem anderen. Abgesehen davon, dass dieser Fließbandsex aus der Tierwelt einer gewissen Komik nicht entbehrte, drängten sich mir unweigerlich Assoziationen zu mir bekannten Männern auf. Denn eines war klar: War das Dinner mit dem Ex auch noch so romantisch, und schwelgte er auch noch so emphatisch in Nostalgie – Zweifel an seiner gegenwärtigen Beziehung hatte er nie. Die «funktionierte» oder «war in Ordnung». Nur sei es mit mir immer viel aufregender gewesen. Und davon käme er nicht so einfach los. Ich nehme an, der superpotente Käfer hat seinen aufgereihten Weibchen ebenfalls derlei Dinge ins Ohr geflüstert.

In diesem Zusammenhang fällt mir ein Satz von Ulla Meinecke

ein, die früher mal mit einem meiner Bekannten liiert war. Als besagter Götz sich für die Wiederbelebung ihrer Beziehung einsetzte, lehnte Ulla trocken ab: «Alte Ehen sind langweilig.»

Mit neuen Bewerbern indes verhält es sich kaum anders. Von zehn befinden sich neun in festen Händen. Selbstverständlich wären alle neun jederzeit bereit, mir bei meiner psychischen, seelischen Gesundung nicht nur unter die Arme zu greifen. Doch wenn man, wie ich, mit der männlichen Promiskuität so manche Erfahrung gemacht hat, drängt es einen nicht unbedingt nach Wiederholungen. Einige warben stilvoll mit Blumen, Charme und Komplimenten, andere mit Überraschungsangriffen nach dem Muster von Rhett Butler in *Vom Winde verweht*. Nur war leider keiner von ihnen Rhett Butler, und ich empfand mich in der Rolle «Der Widerspenstigen Zähmung» auch völlig falsch besetzt. Zugegeben: Diese Form der Anmache, also die Akquisition durch angeblich nicht mehr zu beherrschende Leidenschaft, mag für den Werber schneller und kostengünstiger sein. Doch sie ist auch leicht zu durchschauen. Finde ich jedenfalls. Obwohl einer meiner guten Freunde, ein ausnahmsweise unverheirateter Jäger und Sammler, behauptet: Meistens klappt es.

Überhaupt, Hausfreunde. Sie sind als Tröster die einzige echte Option und kommen in dieser Rolle ihrer ursprünglichen Aufgabe am nächsten. Viele Abende hat mich Freund Götz, übrigens ein praktizierender Erotomane, mit seiner These zum Lachen gebracht, dass sich ein Mann, der eine Geliebte habe, zu Hause eben noch mehr anstrengen müsse, um die eigene Frau glücklich und zufrieden zurückzulassen. Dies sei seiner Meinung nach auch eine Form von Treue, und zwar die einzig praktikable.

Oder Wolfgang, der mir von seinen erotischen Abenteuern erzählte und mir einen tiefen Einblick in die männliche Seele gestattete. Jung muss sie sein und ein bisschen Schlampensex haben, zum Reden hätte er schließlich seine Freunde und – nicht zu vergessen – mich. Leider, bedauerte er, hätte ich mich entschlossen, unser Verhältnis platonisch zu belassen. Ich fand das ausgesprochen klug von mir, im Gegensatz zu Wolfgang.

2. Lügen und Sex

Kirschen aus Nachbars Garten: Was Männer sich alles einfallen lassen, um einen Seitensprung zu verheimlichen

Wenn Historiker späterer Generationen sich mit der Frage befassen, was die Welt 1998 am stärksten berührte, werden sie auf ein überraschendes Ergebnis kommen: Sämtliche Kriege und Katastrophen, von denen es auch in diesem Jahr mehr als genug gab, wurden überlagert von der öffentlichen Enttarnung eines Seitenspringers! Natürlich war es kein x-beliebiger Mann, dessen außereheliche Affäre solches Aufsehen erregte, sondern der Präsident der einzigen am Ausgang des Jahrhunderts noch verbliebenen Supermacht. Dass Bill Clintons Techtelmechtel mit Monica Lewinsky zum Medienereignis Nummer eins werden konnte, darüber kann man wirklich nur den Kopf schütteln. Der Sandsturm, den diese Geschichte aufgewirbelt hat, wirft ein bezeichnendes Licht auf die nicht immer feine Art und Weise, wie die Medien mit der Intimsphäre von Prominenten umgehen. Und die Motive der Clinton-Jäger sind gewiss nicht immer ehrenhaft: Einen populären und erfolgreichen Politiker aus dem Amt zu vertreiben, indem man seine Bettgeschichten, die nur ihn und seine Frau angehen, öffentlich macht, ist, gelinde gesagt, ein fragwürdiges Verfahren.

Dennoch ist für mich und mein Thema in diesem Zusammenhang ein ganz bestimmter Aspekt sehr viel interessanter. Nämlich die Tatsache, dass sich ein intelligenter und medienerfahrener Mann, nur um ein Sexabenteuer zu vertuschen, in ein Lügengeflecht verstrickt und dabei bis an die Grenze des Meineids geht, ja, sie sogar überschreitet. Mag man auch noch soviel Verständnis für den Schutz der Intimsphäre haben –Tatsache ist: Clinton hat unter Eid gelogen. Oder ist Oralsex etwa kein Sex? Puritanische amerikanische Politiker mögen da einen Unterschied sehen, gewiss aber nicht die betrogene Ehefrau des prominenten Seitenspringers.

Für mich ist der Fall Bill Clinton nicht nur das bekannteste, sondern vielleicht sogar das Musterbeispiel für männliches Lügenverhalten schlechthin. Und das gleich in mehrfacher Hinsicht:

1. Männer lügen am häufigsten und dreistesten, wenn es um Sex geht – nicht nur, um eine Affäre zu vertuschen, sondern ebenso oft, um sie überhaupt zu beginnen.
2. Wenn sie erst einmal damit begonnen haben, zieht eine Lüge die andere nach sich, bis der Lügenmann schließlich aus dem selbstgebauten Lügenlabyrinth nicht mehr herausfindet.
3. Im schlimmsten Fall gehen sie sogar so weit, sich eines weit schlimmeren Vergehens als des Treuebruchs gegenüber der eigenen Frau schuldig zu machen – wobei es nicht immer gleich ein Meineid sein muss. Ein weniger prominenter Mann als Bill Clinton wäre kaum in *diese* Situation gekommen, aber ich werde später noch ein Beispiel schildern, das diesem Fall sehr ähnlich ist und praktisch jedem widerfahren kann.

Abgesehen von seinem Amt unterscheidet den amerikanischen Präsidenten nichts vom Durchschnittsmann und seinen Gewohnheiten. Und dessen Thema Nummer eins inszenierte die deutsche Regisseurin Doris Dörrie ebenso plakativ wie provokativ in ihrem Film *Ich und er* (wobei ich fairerweise einräumen muss, dass die Romanvorlage zu diesem amüsanten Streifen von einem Mann stammt, dem Italiener Alberto Moravia): Grund allen Übels sei die Tatsache, dass Männer von ihrem Schwanz durchs Leben geführt würden. In diesem Fall ist das wörtlich zu nehmen: Der treueste Begleiter des Filmhelden beginnt zu sprechen – ironischerweise

mit der Stimme von Deutschlands Lieblingsmacho Heiner Lauterbach – und seinen Besitzer durchs Leben zu dirigieren, nur selten
zur Freude der jeweils betroffenen Damen.

Was im Kino Heiterkeitsstürme provoziert, gibt im wirklichen
Leben weniger Anlass zum Lachen. «Der Mann auf der Straße»
schreiben Cheryl Benard und Edit Schlaffer in ihrem gleichnami-
gen Buch, offenbare ständig einen gewissen Zwangscharakter, da
auf ihn in bestimmten Situationen jede beliebige Frau als Sex-
Signal wirke. Deshalb bedeute «für viele Frauen jeder Schritt in die
Öffentlichkeit einen Ausnahmezustand». Für die Autorinnen dieses erfolgreichen Buches ist jeder Mann ein Anmacher, der die Frau
nur als Sexobjekt betrachtet und entsprechend behandelt.

Diese Auffassung teilen sogar manche Männer. Der Psychologe
Wilfried Wieck etwa meint, dass alle Männer in ihrem sexuellen
Drang auf die Frau angewiesen seien und fast jede auf der Straße
begehrten.

Wenn ich solches lese und erfahren muss, von welchen Zwangs-
vorstellungen der kleine Mann auf der Straße tagtäglich bedrängt
wird, überkommt mich unaufrichtiges Mitgefühl. Und es outet
sich bei mir spontan die Frau auf der Straße mit ihren geheimsten
Gedanken beim tagtäglichen Anblick des Durchschnittsmannes.
Der Höflichkeit halber will ich sie in Fragen verpacken: Könnte er
sich nicht etwas besser kleiden? Die erotischen Signale, die von
kurzer Hose, Polyestersocken nebst Sandalen mit Kreppsohle ausgehen, halten sich in Grenzen. Ein Geheimnis bleibt auch, wie sich
so manche Hose unterhalb eines mächtigen Bauches allein am
Oberschenkelansatz halten kann. Festgetackert? Und wenn er sich
schon dresst, also seinen Akquisitionsanzug trägt, weshalb präsentiert er sich dann nur immer im Blaumann oder Graumann? Weshalb geht er so krumm? Doch wohl nicht, weil ihn seine angeblich
gewaltige Männlichkeit so heftig nach unten zieht? Und warum,
um Himmels willen, watschelt er derart entenhaft über die Straße?
Hat der Mann denn noch nie einen Alain-Delon-Streifen gesehen?

Ehe Jo Ehe-Jojo mit mir spielte, war Fremdgehen für mich kein abendfüllendes Thema. Dies wurde es erst danach, dann aber richtig. Und es dauerte nicht lange, bis mir klar wurde: Die Bedeutung des Falles Maurer gleicht etwa der Bedeutung des Planeten Erde für das Universum. Eine Erkenntnis, die einen allerdings nicht unbedingt klein machen muss, sondern auch weiterbringen kann, getreu dem Motto: Frau ist nicht allein. Statistiken zeigen, dass etwa zwei Drittel aller Männer fremdgehen. Die Zahlen schwanken dabei zwischen knapp 50 und 75 Prozent. Experten halten allerdings die obere Grenze für wahrscheinlicher, da Männer, gewohnt, auf diesem Gebiet die Unwahrheit zu sagen, bei solchen Umfragen eher das Leugnen fortsetzen. Gelernt ist eben gelernt.

Es dauere nur wenige Ehejahre, «bis das Schiff auf Grund läuft und Schlagseite bekommt», fand die Schweizer Autorin, Psychologin und Therapeutin Julia Onken bei Umfragen über die Hintergründe des Seitensprungs heraus. Männer seien im Fremdgehen viel routinierter als Frauen und formten aus ihren damit einhergehenden Lügen fundamentale Wahrheiten – zum Beispiel diese: «Ich muss meine Frau belügen, sie würde die Wahrheit nicht ertragen.»

Mit wem ich auch redete, was immer ich las, wo ich auch hinschaute: Die außereheliche bzw. außerpartnerschaftliche Affäre hat Konjunktur. In den letzten Jahren haben mehr und mehr clevere Zeitgenossen erkannt, dass der männliche Appetit auf die «kleine Mahlzeit zwischendurch» eine unerschöpfliche Quelle zum Geldverdienen ist. Buchverlage veröffentlichen Ratgeber zur Kunst des Seitensprungs – frei nach dem Motto *Untreu – aber richtig!* –, und vor allem in Großstädten wurden Seitensprung-Agenturen gegründet, deren stetige Zunahme belegt, wie lukrativ dieser Markt ist. Gegen eine Aufnahmegebühr zwischen 250 und 400 Mark wandern die Kunden – wie Frau sich denken kann, mit überwiegender Mehrheit männlichen Geschlechts – in eine Computerkartei. Entsprechend den sexuellen und sonstigen, eher zweitrangigen Vorlieben des jeweiligen Interessenten sucht der Computer nach der passenden Partnerin. Kommt es zu einer diskret-konkreten

Vermittlung, ist selbstverständlich eine weitere Rate fällig – natürlich im Vorhinein. Reklamationen infolge von fahrlässig oder bewusst aussichtslos herbeigeführten Vermittlungsangeboten sind die Ausnahme. Denn eher schreiben die geprellten Herren der Schöpfung ein paar Hunderter ab, als dass sie sich der Gefahr aussetzen, durch eine Klage einen Gerichtstermin zu provozieren, dessen Anlass man seiner Partnerin nur schwer erklären könnte oder, besser, möchte.

Die Entwicklung der neuen Medien trägt das ihrige dazu bei, die Seitensprung-Konjunktur anzuheizen. Je mehr Männer einen Internet-Zugang anmelden, desto mehr potentielle Seitenspringer sind online, aber auch desto mehr potentielle Opfer zwielichtiger Geschäftemacher. In der Dezember-Ausgabe 1998 der Zeitschrift *Tomorrow* fand ich einen äußerst aufschlussreichen Artikel über die anonym arbeitenden und Anonymität verheißenden Agenturen im Netz und ihre Kunden. Hier erfährt Frau, was die Aufnahme in eine Kartei kostet und welcher Betrag für jede einzelne Vermittlung fällig wird. Was an den von *Tomorrow* aufgeführten Daten am meisten auffällt, aber nicht wirklich überrascht, ist die Tatsache, dass die Gebühren für Seitenspringerinnen deutlich niedriger liegen als bei Männern, ja dass Frauen bei vielen dieser Agenturen sogar kostenlos vermittelt werden. Kein Wunder: Insider behaupten nämlich, die Zahl der weiblichen Klienten würde kaum mehr als ein Prozent betragen.

Doch wie viele Informationen, Theorien, Statistiken, Untersuchungen und Befragungen mir im Laufe der letzten Jahre auch in die Hände fielen – den tiefsten Eindruck hinterließen bei mir immer noch die persönlichen Gespräche mit Freunden und Bekannten über deren Erfahrungen. So entstand allmählich ein wahrer Fundus von Schicksalsgeschichten über Freunde und deren Freunde, über Bekannte und deren Bekannte, die sich im Detail unterschieden, im Großen und Ganzen aber einander sehr ähnlich waren.

Je mehr ich in die Beziehungen anderer Paare Einblick erhielt, desto mehr lernte und profitierte ich. Je offener ich mich meinen Zuhörern gegenüber verhielt, desto bereitwilliger und wahrheitsgetreuer erzählten sie mir ihre erlebten Lügen-Geschichten. Wie zum Beispiel ein Bekannter, der viele Jahre lang in leitender Funktion bei einem privaten Fernsehsender tätig war …

Rolf, ein gut aussehender, sportlicher Mittfünfziger, ist ein überaus routinierter Seitenspringer. Seit fünfzehn Ehejahren, ja überhaupt seit Beginn der Partnerschaft mit seiner Frau Marion, einer Grundschullehrerin, betrügt er diese mit einer Selbstverständlichkeit, als gelte es, Tag für Tag nach fremdgegangener Arbeit die Stechuhr zu drücken. Frank und frei und, wie es scheint, ohne jedweden Anflug schlechten Gewissens erzählt Rolf in einem Frankfurter Café drauflos.

Wie oft er Marion betrog?

«Das weiß ich nicht, ich habe die Frauen nicht gezählt.»

Wie viele waren es ungefähr?

«Na ja, es waren wohl einige Dutzend!»

Was er Marion erzählte?

«Ich habe immer Geschäftstermine vorgeschoben.»

Fiel das nicht auf?

«Man muss es nur gut vorbereiten. Wenn ich vorhatte, mich mit einer anderen zu treffen, erzählte ich meiner Frau schon zwei Tage vorher so nebenbei, dass ich übermorgen da und da mit diesem oder jenem ein wichtiges Meeting hätte. Am Tag davor erwähnte ich, dass es bei besagtem Treffen spät werden könnte. Wollte ich mit einer anderen Frau eine Nacht im Hotel verbringen, bereitete ich diese Geschäftsreise mindestens eine Woche früher vor. Und im Hotel, beim Einchecken, sagte ich gleich, aus steuerlichen Gründen benötigte ich eine Rechnung für ein Einzelzimmer.»

Ob seine Frau denn nie etwas gemerkt habe, wollte ich wissen, etwa an einem veränderten Verhalten ihr gegenüber.

«Nein, meine Seitensprünge haben mein Verhältnis zu Marion nicht belastet. Sie ist eben meine Frau. Aber ich mag auch andere Frauen, vor allem attraktive. Doch das konnte ich Marion nicht verständlich ma-

chen. Was für mich normal ist, ist für sie noch lange nicht normal. Deshalb musste ich sie anlügen. Trotzdem habe ich Marion immer gut behandelt, schließlich liebe ich sie. Und ich ließ sie immer spüren, dass ich gerne mit ihr verheiratet bin.»

In der Tat: Wann immer ich die beiden in Gesellschaft erlebte, blickte Marion stets voller Stolz auf ihren Mann. «Rolf ist ein toller Ehemann», sagte sie mir einmal.

Derartige Komplimente sind ihr in letzter Zeit vergangen. Denn Rolf hat sich in die geschätzte Nummer 46 seiner Damen-Riege verliebt. «Sie heißt Pamela und wohnte früher im Parterre unseres Hauses», berichtet er von seinem Ausrutscher und ist mit einem Mal gar nicht mehr der Überlegene und Coole. «Als meine Frau mal im Urlaub war, lud ich sie zum Essen ein. Eine sehr attraktive Studentin. Zunächst war's wie immer. Ich vögelte mit Pamela, meist morgens, nachdem Marion zur Schule gegangen war. Dann nahm ich Pamela irgendwann mit auf eine Geschäftsreise nach Brüssel. Von da an intensivierte sich unser Verhältnis. Und ich spürte, es ging mir nicht mehr nur ums Vögeln. Ich hatte mich verliebt.»

Rolf machte eine kleine Pause. So als überlegte er, ob er alles richtig wiedergegeben hatte. «Ja, so war's», zog er sein Zwischenfazit. Dann nahm er den Faden wieder auf: «Eines Morgens kam Marion direkt wieder nach Hause, weil einige Unterrichtsstunden ausgefallen waren. Sie erschien ausgerechnet in dem Moment, als ich gerade im Bademantel aus Pamelas Wohnungstür schleichen wollte. Das war's dann.»

Seitdem sind vier Jahre vergangen. Rolf lebt inzwischen allein und zwischen zwei Frauen. «Ich liebe sie beide, und ich weiß nicht, für welche ich mich entscheiden soll.» So hält er sie beide hin – zwei intelligente Frauen, beide im Bewusstsein, dass da noch eine andere existiert. Um keiner wehzutun, belügt Rolf sie inzwischen, ausgleichende Ungerechtigkeit, beide. «Wenn ich bei Pamela übernachte, verstecke ich meinen geparkten Wagen irgendwo in Seitenstraßen. Denn Marion macht ab und zu Kontrollfahrten, um zu sehen, ob ich bei der anderen bin. Und wenn ich mich abends mit Marion zum Essen treffe, schwindele ich Pamela einen Geschäftstermin vor.»

Ob er nicht meine, irgendwann eine Entscheidung treffen zu müssen, will ich von Rolf wissen.

«Dreimal hatte ich mir einen Stichtag ausgeguckt, an dem ich die Entscheidung treffen wollte. Jedesmal hatte ich mich kurz davor für meine Frau und gegen Pamela entschieden. Aber als der Tag dann kam, drückte ich mich wieder davor.»

Blieb mir noch eine Frage – an mich selbst: Sollte ich Rolf jetzt für seine entwaffnende Offenheit danken, oder sollte ich ihm mit einem gezielten Pumps-Tritt sämtliche, auch künftige Entscheidungen abnehmen?

Wenn ein Seitensprung lediglich ein kurzer Sprung zur Seite bliebe, könnten viele Frauen mit diesem Phänomen noch leben, wenn auch erst nach einigem Kampf mit sich selbst. In Julia Onkens Buch *Die Kirschen in Nachbars Garten* fand ich dazu hilfreiche Gedanken. Es sei ein Unterschied, meint die Paartherapeutin, ob vom Seitensprung oder Treuebruch durch dauerhaftes Fremdgehen die Rede ist. Schon die Wortwahl würde diesen Unterschied erklären: Ein Seitensprung bedeute, eben mal kurz zur Seite zu springen, danach geht's wieder auf dem Hauptpfad weiter. Dagegen liege im Begriff Treuebruch ein Werturteil. «Treue gilt in unserer Kultur als hoher ethischer Wert, die zu brechen unehrenhaft ist», sagt Julia Onken.

Die Therapeutin erfuhr bei ihren Gesprächen mit Betroffenen, dass viele Menschen, deren Partner fremdgingen oder -gehen, eine solche Situation belastender finden, als den Partner zu verlieren, selbst durch den schlimmsten aller nur denkbaren Fälle – den Tod. Da kann ich nur hoffen, dass die beiden Frauen von Rolf nicht zu diesen Geplagten gehören!

Natürlich ist es einfacher, einen einmaligen Seitensprung zu verheimlichen als Fremdgängerei über einen längeren Zeitraum. Letzteres erfordert viel mehr Phantasie im Ausdenken von Täuschungsmanövern und Verschleierungstaktiken, soll die Gattin oder Partnerin nicht den Glauben verlieren, «the one and only» zu sein.

Doch auch wer kein Wiederholungstäter ist, sondern nur einmal auf Abwege gerät, muss manchmal ganz schön weit gehen, um seinen Seitensprung zu kaschieren. Davon erzählt die folgende Geschichte:

Ein verheirateter Mann verliebt sich in die rot gewandete Frau auf einem großen Werbeplakat. Um sie kennen zu lernen, nimmt er die größten Mühen, die abenteuerlichsten Umstände in Kauf. Er telefoniert, bis ihm das Ohr wehtut, klappert zig Wohnungen ab, bis er Blasen an den Füßen hat, lässt sich die tollsten Ausreden einfallen, um an seine Plakatfrau heranzukommen.

Schließlich schafft er es tatsächlich, ihr Auge in Auge gegenüberzustehen. Er spricht sie an – und, o Wunder, sie geht tatsächlich auf seine Avancen ein und nimmt ihn mit zu sich nach Hause. Zwar ist sie ebenfalls liiert, doch ihr Mann befindet sich auf Geschäftsreise. Beste Voraussetzungen also für einen Seiten-Pas-de-deux. Die beiden halten sich nicht lange mit überflüssigem Vorgeplänkel auf und landen im Bett. Dann aber klingelt es an der Wohnungstür, und über die Fernsprechanlage meldet sich der Ehemann der Ungetreuen, der früher als geplant zurückgekommen ist.

Die beiden Fremdgänger erfasst Panik. Ihnen bleibt nicht mehr als eine Minute, um alle Spuren zu beseitigen. Während die Frau blitzschnell das Nötigste aufräumt, klaubt der Mann seine Kleider zusammen und flüchtet durchs Fenster ins Freie. Da steht er nun, leicht geschürzt, auf einem schmalen Sims, den Rücken an die Hauswand gepresst, fünfzehn Meter unter sich das harte Trottoir. Drinnen begrüßt der ahnungslose Ehemann seine Frau und überredet sie, ihr vorzeitiges Wiedersehen in einem Restaurant zu feiern. Draußen bangt der heimliche Gast um sein Leben.

Nachdem das Paar das Haus verlassen hat, versammelt sich unten eine stetig anwachsende Menschenmenge, die einem vermeintlichen Selbstmörder gespannt bei der bevorstehenden Tat zusehen will. Alle Aktionen, die der Missverstandene hoch droben zur Besserung seiner Lage unternimmt, werden unten als Vorbereitungen zum geplanten Selbstmord interpretiert. Ängstliche Schreie begleiten jede Bewegung auf dem Sims.

Nach einigen Minuten finden sich Krankenwagen, Polizei und Feuerwehr ein. Kurze Zeit später tauchen Reporter mit Kamerateams auf. Ein Fernsehsender unterbricht sein laufendes Programm, um live von dem Schauplatz des spektakulären Geschehens zu berichten. Nun sitzen auch die Fernsehzuschauer in der ersten Reihe, unter ihnen die komplette Familie des untreuen Ehemannes. Gebannt schauen Frau und Kinder dem Live-Thriller zu, zunächst ohne das Familienoberhaupt zu erkennen. Bis zur ersten Nahaufnahme. Als sie ihren Ehemann und Vater plötzlich groß im Bild sehen, sind sie geschockt und müssen tatenlos zusehen, wie sich alles weiterentwickelt. Als er endlich einsieht, dass es keinen anderen Ausweg mehr gibt, entschließt sich der vermeintlich lebensmüde Seitenspringer schließlich zum Sprung in die Tiefe – und landet unversehrt im aufgespannten Sprungtuch der Feuerwehr.

Endlich wieder zu Hause, sehen wir den so arg Gebeutelten im Kreise seiner Familie – und müssen mit ungläubigem Staunen zusehen und zuhören, wie er ihnen den Eindruck vermittelt, er habe sich tatsächlich das Leben nehmen wollen! Nur um seinen Seitensprung nicht zugeben zu müssen, lässt sich Mann lieber zeitlebens des Schlimmsten verdächtigen, was ein Mensch sich und seinen Angehörigen antun kann, als zu einem kurzzeitigen, bedeutungslosen Abenteuer zu stehen.

Regelmäßige Kinogänger werden sicher längst erkannt haben, dass diese Story aus dem Reich der Fiktion stammt: Dies ist der Plot des Kinofilms *Die Frau in Rot* mit Gene Wilder und Kelly LeBrock. Aber schreibt nicht bekanntlich das Leben die besten Geschichten? Und umgekehrt: Begeistern uns nicht oft jene erfundenen Geschichten, sei es im Kino, sei es in der Literatur, am meisten, die am dichtesten ans wirkliche Leben heranführen?

Mich persönlich jedenfalls erinnert diese erfundene Geschichte sehr stark an den wirklichen Fall Clinton-Lewinsky: Der mächtigste Mann der Welt lässt sich lieber des Meineids überführen, als eine außereheliche Affäre zuzugeben. Und der Alltags-Mann, den ein kleiner Sprung zur Seite gewöhnlich nicht vor Gericht bringt, outet sich lieber als potentieller Selbstmörder, als seiner Familie gegenüber zu gestehen, dass er mal kurz (oder auch länger) von den «Kirschen in Nachbars Garten» naschen wollte, die einem beliebten Schlager zufolge so sehr viel süßer und besser schmecken sollen.

Was für Frau und Kinder des Fremdgängers wohl leichter zu ertragen wäre? Für mich ist das keine Frage!

Reden ist Silber, Schweigen ist ... noch lange keine Lüge? – oder: Was Ihnen Ihr Mann garantiert nie erzählen wird

Männer waren schon immer Meister im Verschweigen. Und sie definieren den Begriff zumeist anders als Frauen. Getreu dem Motto «Schweigen ist Gold» wird verschwiegen, dass sich die Balken biegen, um unliebsamen Konflikten aus dem Weg zu gehen. Was sollte daran schlimm sein? Wer nichts erzählt, sagt doch schließlich auch nicht die Unwahrheit ... Frauen sehen das allerdings oft anders.

So erzählte mir eine Bekannte, sie habe ihren Partner nach Dienstschluss mit einer neuen jungen Mitarbeiterin erwischt. In flagranti?, erkundigte ich mich. Gott behüte, nein, kam die Antwort, er habe mit der anderen zur Happy Hour in einer Kneipe gesessen, ihr aber am Morgen erzählt, er würde sich noch mit einem Geschäftsfreund treffen. Meine Bekannte fühlte sich verletzt und glaubte, dass ihr Partner sie hintergehen wollte. Als sie ihn zur Rede stellte, reagierte er völlig fassungslos. Für ihn war es das harmlose Verschweigen einer kleinen Terminänderung, das nichts, aber auch gar nichts mit Lügen oder Hintergehen zu tun hätte. Dazu passen Umfragen, die ergaben, dass für die meisten Männer das Verschweigen bestimmter Situationen keine Lüge darstellt, wohl aber für die Mehrheit der Frauen.

40

Da es der Schweigsame weit von sich weist, als Lügner gebrandmarkt zu werden, kann er getrost so manches unter den Tisch fallen lassen, ohne ein schlechtes Gewissen zu haben. Und so bleiben eine Unzahl wichtiger wie unwichtiger Informationen für Frauen Geheimnisse mit Ewigkeitsdauer. Angesichts der Kultivierung und Optimierung des Weglass-Wahns kann Frau sich leicht ausrechnen, dass ein Mann ihr garantiert nie das verraten würde, von dem er glaubt, er sollte es besser für sich behalten.

Zu den Dingen, die Männer – aus leicht nachvollziehbaren Gründen – nicht nur ihrer Partnerin gegenüber verschweigen, sondern gemeinhin generell verschweigen, gehören sicher die Kontakte zu Prostituierten. Nur eine verschwindende Minderheit von Männern räumt freimütig Bordellbesuche ein oder gibt zu, auf andere Weise für Sex bezahlt zu haben.

Die Fakten sprechen allerdings eine deutlich andere Sprache. Laut der Studie eines Prostituiertenprojekts gehen rund eine halbe Million Frauen in Deutschland besagtem Gewerbe nach. Mal angenommen, jede Prostituierte hätte täglich nur drei Kunden, ergäbe dies anderthalb Millionen Freier jeden Tag. Rechnet man nun die Anzahl der Arbeitstage der Damen und das Verhältnis von Einzel- und Mehrfachbesuchen der Männer hoch, so kommen wir, bei schätzungsweise 20 Millionen geschlechtsaktiven deutschen Männern, auf die stattliche Zahl von 15 Millionen potentiellen Freiern. Was bedeutet: Drei von vier Männern haben doch mindestens einmal das getan, was sie in den meisten Fällen abstreiten – sich mit einer Prostituierten eingelassen.

Für weibliche Leser könnte dies Anlass für eine Privat-Umfrage innerhalb ihres männlichen Bekanntenkreises sein. Zur Hilfe eine kleine gemeine Faustregel: Sollten vier Befragte behaupten, sie seien noch nie bei einer Hure gewesen, dann lügen drei von ihnen – zumindest statistisch gesehen.

Abgesehen von den statistischen Aspekten kann man natürlich auch die Frage aufwerfen, ob der Besuch bei einer Prostituierten

womöglich einen weniger schwerwiegenden Vertrauensbruch darstellt als eine dauerhafte außereheliche Affäre. Diese Frage wurde
vor einigen Jahren sehr lautstark öffentlich diskutiert, als sich die
deutsche Sexpäpstin Beate Uhse in einer Talkshow zum Thema
äußerte. Wenn Paare über einen längeren Zeitraum voneinander
getrennt seien, so Frau Uhse, sollten Männer, die ihre Libido absolut nicht in den Griff bekämen, doch lieber zu einer Professionellen gehen als sich eine Geliebte suchen; dies sei ihrer Meinung
nach allemal ein weniger schwerwiegender Betrug an der Partnerin. Verständlicherweise stöhnten nicht nur Kirchenvertreter angesichts dieser Aussage laut auf, sondern auch die Mehrheit der
Frauen.

Vielleicht gibt es aber auch Frauen, die Beate Uhses Ansichten
zumindest ansatzweise teilen. Sie aber sollten bedenken, dass eine
Lüge oft einen ganzen Rattenschwanz von Täuschungs- und Ver-
schleierungsmanövern nach sich zieht. Ein verschwiegener Bordell-
besuch ist nicht selten nur ein unbedeutendes Steinchen in einem
Bauwerk von Lügen. Dies verdeutlicht die abenteuerliche Geschichte von Gerd und Selma aus Neuwied, die mir im Zuge meiner Recherchen zu diesem pikanten Thema zugetragen wurde.

*Es begann damit, dass Gerd behauptete, er sei 24 Jahre alt und Kunst-
student. Stolz zeigte er der neuen Freundin ein imposantes Haus, angeblich sein Elternhaus. Das war 1987. Bald darauf heirateten die beiden. Auf dem Standesamt erfuhr Selma Gerds wahres Alter: 19 – kurz
danach seinen richtigen Beruf: Anstreicher. Auch der Traum vom schönen Haus platzte schnell: Es handelte sich um die Villa eines mit Gerds
Eltern lose bekannten Architekten.*

*Gerd versuchte sich als Händler. Selten war er daheim, meist unter-
wegs. «Ich handle mit Ikonen», sagte er Selma, «ich verdiene gut.» Wenigstens das stimmte, wenngleich mit einer nicht ganz unwichtigen
Einschränkung: Die Ikonen, für die er Geld kassierte, hatte Gerd vorher
in Kirchen gestohlen. Als er irgendwann deswegen vor Gericht stand,
brauchte der Richter eine halbe Stunde, um alle ihm zur Last gelegten*

Straftaten vorzutragen. Dennoch hielt Selma Gerd die Treue, besuchte ihn mit der gemeinsamen Tochter des Öfteren im Gefängnis.

Zum Bruch kam es erst nach Gerds Entlassung. Heiligabend erfuhr Selma, dass ihr Mann regelmäßig mit einer Neuwieder Hure verkehrte. Da flippte sie aus, warf ihn aus der Wohnung und die Weihnachtskugeln gleich hinterher. Dass Gerd sie schon mehrmals massiv belogen und wegen Diebstahl im Knast gesessen hatte, waren für sie vergleichsweise geringe Delikte. Doch eine andere Frau und noch dazu eine Hure – das traf Selma zutiefst.

Inzwischen lebt Gerd in der Landesnervenklinik Andernach, in die er sich freiwillig zur Therapie begab. Selma besucht ihn regelmäßig – in der Hoffnung, dass er sich in Zukunft nur noch ihr widmen wird.

Besuche bei Prostituierten verschweigen Männer nicht nur der eigenen Partnerin, sondern auch Bekannten und Freunden gegenüber hüllen sie sich diesbezüglich zumeist in Schweigen. Deshalb scheut sich vielleicht auch so mancher, ein Bordell in der eigenen Heimatstadt aufzusuchen – laut Statistik muss man damit rechnen, irgendwann einen Kollegen hier zu treffen. Peinlich, peinlich …
Aber auch für diese Zeitgenossen gibt es Hilfe. Für alle, die sich unbeobachtet und ungestört vergnügen möchten, hat sich inzwischen eine ganz besondere Art der Urlaubsgestaltung etabliert: der Sextourismus. So mancher gebundene Mann – sei es als Lonesome Cowboy auf Zeit oder im Verbund von Kegelbrüdern – jettet nach Thailand, Kuba oder in die Dominikanische Republik, wo er fern der Heimat die noch dazu im Vergleich zu hiesigen Tarifen recht kostengünstigen Dienste der käuflichen Damen in Anspruch nimmt. Schließlich versprechen nicht nur weiße Sandstrände unter Palmen und bunte Drinks exotische Genüsse.

Das Stichwort «Exotik» bringt mich noch auf einen anderen Punkt: Wo der eine weite Wege in Kauf nimmt, um nicht entdeckt zu werden, muss auch der andere aus demselben Grund einige Mühen auf sich nehmen. So nämlich, wenn Mann einen Hang zu außergewöhnlichen sexuellen Spielarten hat, denen die feste Partnerin nichts abgewinnen kann und die er deshalb heimlich betreiben muss. Da ist es bisweilen gar nicht so einfach, die Spuren der Lust zu verbergen.

Einen solchen Fall kennt meine norddeutsche Freundin Moni, der ich einen wahren Goldschatz von unglaublichen Geschichten verdanke. Diese hier sollte sie am besten selbst erzählen:

Ich hatte mal einen Verehrer, den ich trotz seiner intensiven Bemühungen abblitzen ließ. Er sah gut aus, machte einen intelligenten Eindruck, doch irgendwie traute ich ihm nicht. Es war nur ein vages Gefühl, doch ich verließ mich auf meine innere Stimme und ließ die Finger von ihm.

Durch seine Besuche bei mir lernte er auch Gudrun kennen, meine damalige Untermieterin. Deren innere Stimme blieb entweder stumm, oder sie war so leise, dass Gudrun sie nicht vernahm. Jedenfalls dauerte es nicht lange, bis die beiden intim waren. Schnell war Gudrun in Gero bis über beide Ohren verliebt. Gero hier, Gero da. Sie hielt mich über ihre Beziehung stets auf dem Laufenden, erzählte mir alles, was sie bewegte und was sie mit Gero unternahm. Es war für mich nicht sonderlich schwierig festzustellen, dass diese Frau für ihren Partner mehr tat als umgekehrt. Gudrun lieh Gero Geld, das er ihr nicht zurückzahlte. Gudrun sorgte für Geros Wäsche, ohne dass er sich bedankte. Gudrun bekochte Gero in meiner Küche, doch er lud sie umgekehrt nie zum Essen ein. Ich hielt mich mit Bewertungen zurück und blieb neutral. Aus eigener Erfahrung wusste ich, dass Verliebte für Warnungen von außen nicht sehr empfänglich sind.

Eines Tages berichtete mir Gudrun von einem gemeinsamen Einkaufsbummel der beiden. Sie wollte Gero unbedingt einen Pullover kaufen. Als er mit nacktem Oberkörper vor ihr stand, sah sie mehrere lange Striemen auf seinem Rücken. Sie stammten angeblich vom Sturz auf ein Drahtgeflecht an einer Baustelle, die er beaufsichtigen musste. Eine merkwürdige Begründung, fand ich und dachte mir meinen Teil.

Wenige Tage darauf kam es zum großen Knall. Als Gudrun Geros Sporttasche auspackte, um seine Klamotten für die Waschmaschine zu sortieren, fiel ihr ein fremder Damenslip in die Hände. Gero zeigte sich ohne Zögern geständig und gab zu, seit einiger Zeit eine andere Frau zu kennen. Es täte ihm Leid, aber so sei nun mal das Leben.

Meine Untermieterin war am Boden zerstört. Unter Tränen berichtete mir Gudrun vom Ende ihrer Beziehung. Ich musste sie stundenlang trösten. Je länger ich ihr Leid miterlebte, desto größer wurde meine Wut auf Gero. Schon nach seiner Sturz-Story hatte sich meine innere Stimme gemeldet. Jetzt, beim tragischen Finale mit dem Corpus-delicti-Slip, schrillten alle Alarmsignale. Noch behielt ich meinen Verdacht für mich, weil ich Gudrun nicht zusätzlich beunruhigen wollte.

Am anderen Tag setzte ich mich ans Telefon, rief ein paar Freunde und Bekannte an, nutzte meine und deren Verbindungen – und kannte nach wenigen Stunden die Wahrheit: Gero führte zwei Leben. Das eine mit einer Domina, die er seit vielen Jahren kannte, das andere mit der jeweiligen Lebensabschnittspartnerin, wie Frauen wie Gudrun neudeutsch so unschön genannt werden. Natürlich stammten die Striemen auf seinem Rücken von den Hieben der Domina.

Als ich Gudrun die Wahrheit über Gero erzählte, wurde ihr mit einem Male klar, weshalb sich ihr Ex-Freund am liebsten allein im Bad aufhielt und Sex im Dunkeln bevorzugte.

Gudrun überwand ihren Schmerz rascher als gedacht, weil sie letztlich froh war, dass ihr Leben vom Doppelleben des Partners abgekoppelt war. Und Gero? Er gehört zu jener Sorte Männer, die mit Aufwand lieber eine falsche Wahrheit inszenieren als, viel einfacher, die Wahrheit zu sagen.

Lügen-Rekorde beim Sex – oder: Wann Männer besser schweigen sollten

Es ist eine Binsenweisheit: Männer lügen am meisten, wenn es um Sex geht. Anders gesagt: Das Einzige, was Ihnen ein Mann beim Sex nicht zuflüstert, ist garantiert nicht gelogen. Schweigen wäre oft goldiger. Doch was tun sie? Sie behaupten: «Nein, ich bin nicht verheiratet» – und kalkulieren: «Damit werde ich sie rumkriegen.» Sie flüstern: «Ich liebe dich» – und denken: «Na, komm, nun zier dich nicht so.» Sie sagen: «Ich ruf dich wieder an» – meinen aber: «Und tschüs.»

Bei einer repräsentativen Umfrage des Hamburger Gewis-Instituts bekannte sich fast ein Drittel der deutschen Männer zur Ich-ruf-dich-an-Lüge nach dem ersten Date. Die Autorin Catharina Lohmann hat in ihrem Buch *Frauen lügen anders* eine Top Ten der verbreitetsten Lügen erstellt. Wenn Männer nichts anderes wollen als Sex, sagen sie:

1. «Ich könnte nie mit einer Frau schlafen, die ich nicht liebe.»
2. «Ich möchte dich glücklich machen.»
3. «Wenn du mit mir zusammen bist, wirst du dich fühlen wie eine Königin.»
4. «Von mir wirst du alles bekommen, wovon du jemals geträumt hast.»
5. «Ich möchte dich immer lachen sehen. Da kommt so irre viel rüber.»
6. «Du siehst so traurig aus. Erzähl mir, was los ist. Ich werde dich trösten.»
7. «Ich bin schon sehr lange solo. Aber ich könnte mir vorstellen, mit dir wieder eine Beziehung zu haben.»
8. «Du bist die Frau, von der ich schon immer geträumt habe.»
9. «Du brauchst einen Job? Kein Problem.»
10. «Nein, ich bin nicht verheiratet.»

Es versteht sich von selbst, dass die jeweils jüngste Eroberung zumeist einen Mann ohne Vergangenheit erlebt. Einen, der vor ihr nicht mal eine Hand voll Frauen näher kannte, ein unbeschriebenes Blatt, fast jungmännlich sozusagen. Gerade wenn es um die sexuelle Popularität geht, präsentieren sich Männer, je nach Geschlecht ihres Gegenübers, hier als Angeber, da als Untertreiber, stellt der

Humanethologe Karl Grammer in seinem Buch *Signale der Liebe* fest. Dem vermeintlichen Nebenbuhler erzählt Mann gerne von Quantitäten und Qualitäten seiner Eroberungen und produziert sich dabei als erfolgreicher Potenzprotz. Für Grammer ist dies ein klarer Fall von Konkurrenzangst: «Männer müssen sich anderen Männern gegenüber so präsentieren, weil es eine Interessenkollision zwischen ihnen gibt, müssen sie doch unter Umständen um dieselbe Partnerin Wettbewerb treiben.»

Ist diese Partnerin aber in Reichweite, ändert sich die Taktik. Dann gibt Mann sich bescheiden, stellt er sich nicht als erfahrener Eroberer dar, sondern eher als sexuell zurückhaltender, fürsorglicher Zeitgenosse.

Die Amerikanerin Dory Hollander, die für ihr Buch *Die Lügen der Männer* zahlreiche Männer und Frauen interviewte, vernahm von vielen Eroberern die folgende Lügen-Logik: «Ich verrate einer Partnerin nie, wie viele Affären ich vor ihr hatte und vor allem nicht, mit wem, weil dies unnötige Konflikte schafft!»

Und wenn das erste Match erfolgreich zu Ende gebracht wurde, folgt – frei nach dem Herberger-Zitat: «Nach dem Spiel ist vor dem Spiel» – als Vorbereitung fürs zweite Match die beliebteste aller Schlafzimmer-Lügen, die Number One in der ewigen Bestenliste: «Du bist die Beste.»

Zwanzig Prozent aller von Dory Hollander befragten Frauen bezeichneten diesen Satz spontan als die letzte Schlafzimmer-Lüge, die ihnen erzählt wurde – und immerhin fünfzehn Prozent der Männer gaben zu, dass dies ihre letzte Bettlüge gewesen sei. Für viele gehört dieser Satz zum Ritual. Träfe er zu, wären fast alle Frauen dieser Welt im Bett die Besten. Womöglich würde Ihr Partner Ihnen schon verschweigen, wenn Sie in seiner Eroberungsliste in Sachen Sex-Spaß nur an zweiter Stelle lägen – was bei einem Volumen von vielleicht 25 Bettpartnerinnen gar nicht mal schlecht wäre. Aber auch das würde er nicht sagen.

Ganz klar: Männer machen es sich leicht bei Sex-Lügen. Allerdings muss man zugeben, dass die Frauen daran nicht unschuldig sind. Vielen von uns ist es in der Tat lieber, wenn der Partner die Anzahl der Vorgängerinnen samt ihrer körperlichen Vorzüge für sich behält und stattdessen Liebeslügen absondert. Mir jedenfalls würde es bestimmt nicht sonderlich gefallen, als 35. Eroberung im Adressbuch eines Mannes zu stehen oder intime Details aus seinem sexuellen Vorleben zu erfahren. Nur wenige Frauen reagieren auf Sätze wie «Du bist die Beste» so aggressiv wie in Dory Hollanders Buch die frisch verheiratete Donna: «Das ist eine dumme Lüge. Das kennen wir schon. Es ist bullshit. Es gehört zu ihrem Ritual. In Wirklichkeit ist es einfach ein anmaßender Vergleich. Ich verwahre mich dagegen, mit anderen Frauen verglichen zu werden.»

Unterhielt ich mich mit Männern über dieses Thema, wurde ich mit einer anderen Sichtweise konfrontiert. Sie sehen ihre Liebeslügen nicht etwa als Routine an, sondern vielmehr als Dank oder Kompliment. Rolf, der Mann zwischen zwei Frauen, brachte es auf den Punkt: «Wenn ich einer sagte, so großartig wie mit dir war es noch mit keiner anderen, dann war das vielleicht eine nette Übertreibung, ein Kompliment also, aber doch keine Lüge.» Mann dankt Frau mit Lügen. Und sein Lob ist ebenfalls geschwindelt. Ist das nicht nett?

Dory Hollanders Interviews mit Männern bestätigen meine persönlichen Erfahrungen. «Die von mir befragten Männer», so die Autorin, «betrachten die Lüge losgelöst von ihrer Absicht zu verletzen und von ihrer zerstörerischen Wirkung auf einen anderen Menschen. Sie definierten Lüge mit neutralen, nicht emotionell gefärbten Worten. Ihre harmlosen Definitionen der Lüge würden ganz gut in ein Handbuch für Konsumentenbetrug oder in den Gerichtssaal passen.»

Mein Vorschlag an Frauen: Machen Sie einen Test und bitten Sie Männer in Ihrem Bekanntenkreis, einmal ihren jeweiligen Begriff von Lüge zu definieren. Sie werden staunen, welche Antworten Sie zu hören bekommen. Von «etwas, das es nicht gibt» über «etwas Unwahres» bis «die Wahrheit umgehen». Sollten Sie Ihre private Umfrage auf Frauen ausweiten, erhalten Sie gewiss eine andere Auslegung. Frauen verstehen unter einer Lüge die klare Absicht, jemanden zu täuschen. Während Männer Lügen eher von ihrer Person losgelöst sehen, nehmen Frauen sie sehr persönlich.

Dies zeigt auch der Fall Christine. Christine, eine alte Klassenkameradin, rief mich an, nachdem sie in einem Boulevardblatt meine Handy-Geschichte gelesen hatte. Als ich ihr von meinen Recherchen zum Thema Männer-Lügen berichtete, kam sie auf sich zu sprechen und erzählte mir eine wahrhaft unglaubliche Lügengeschichte. Unser Telefonat dauerte fast eine Stunde, und was ich hörte, war stärkster Täuschungstobak. Als Christine mir am Ende anbot, ihre Story für mich aufzuschreiben, nahm ich gerne an. «Vielleicht können andere Frauen daraus lernen», so ihre Hoffnung. Hier ihr Bericht:

Ich machte mit meiner Freundin Eva einen Club-Urlaub. Wenige Wochen zuvor war ich dahinter gekommen, dass mein Mann eine andere hatte. Ich musste Abstand gewinnen, zur Ruhe und auf andere Gedanken kommen.

An jenem Morgen knallte die Sonne heiß und viel versprechend vom Himmel. Ich hatte also schon meinen Badeanzug an, trug aber um die Hüften ein Tuch. Meine Freundin und ich befanden uns im Frühstücksraum. Eva saß bereits am Tisch, ich stand noch am Büffet. Ich stellte mir etwas Gesundes zusammen und machte einen Plan für die nächsten Stunden: Strandgrillen mit Sonnenschutzfaktor 20, dann eine Runde Wasserski, später ins Fitnessstudio.

Wir waren seit einer Woche hier. Sonne, Meer und Ruhe hatten mir gut getan. Ich fühlte mich entspannt. Auch meine Probleme schienen Urlaub zu machen. Jedenfalls spürte ich kaum noch die Belastungen der letzten Zeit. Mein Körper war leicht gebräunt, und meine Augen, bestätigte mir meine Freundin Eva, glänzten wieder wie früher.

Meine positive Ausstrahlung musste wohl auch auf Männer gewirkt haben. Ich hatte schon zwei kleine Eroberungen am Frühstücksbüffet gemacht – jene Sorte Männer, die sich für unwiderstehlich halten und vom banalen Reichen eines Marmeladenglases schon ein Versprechen für die kommende Nacht erwarten. Sie sind doch alle gleich, dachte ich und musste an den Satz meiner Mutter denken: «Wenn du alle Männer in einen Sack steckst und draufhaust, triffst du immer den Richtigen!»

Wie vor Jahrmillionen, als sie sich gerade anschickte, vom Affen zum Mensch zu mutieren, ist diese Spezies vom Drang geleitet, die Beute, sprich Frau, in ihre Höhle zu schleppen und zu begatten. Obwohl Affen und Menschen seit vier Millionen Jahren getrennte Wege gehen, sind noch heute – man staune – 97,6 Prozent ihrer Gene identisch. Das erklärt vielleicht so manches.

Wenigstens haben Pille, Scheidungsrecht und die Auswirkungen der Emanzipationsbewegung den Frauen die Möglichkeit gegeben, bei einem allzu tollkühnen oder dreisten Verhalten ihre Sachen zu packen und zu gehen. Ich stellte mir häufig die Frage, ob eigentlich irgendjemand schon einmal darüber nachgedacht hatte, den so verzweifelt um Arterhaltung kämpfenden Männern die Chance zu geben, ihr Sperma in kleinen Reagenzgläsern rund um die Welt zu schicken? Ein Spermaversandhaus – das wär's doch. Alles ginge einfacher, schneller, sauberer, problemloser.

Neben mir stand ein Mann, der mir mit diesem gewissen Blick unaufgefordert das Marmeladenglas reichte. Schon wieder einer dieser unwiderstehlichen Marmeladenmänner. Ich lehnte freundlich ab, griff stattdessen zur Banane. Er beobachtete mich, wie ich sie schälte und hineinbiss. Ich spürte seinen Blick. Na ja, dachte ich, ein bisschen Erotik kann nicht schaden. Und solange ich die Spielregeln bestimmte, konnte auch nichts schief gehen.

Beim nächsten Bananenbiss schaute ich ganz kurz hinüber. Marmeladenmann Nummer drei zappelte heftig. Beim dritten Biss wusste ich, dass die Banane in seinen Augen bereits ihre Unschuld verloren hatte. So machte es Spaß, ich durfte nicht die Fäden aus der Hand geben. Natürlich war auch er für mich einer von jenen Artgenossen, deren Samenstränge mitten durchs Hirn laufen, wie einer meiner ältesten Freunde mit ungewohnter männlicher Selbstironie zu sagen pflegt. Doch ein kleiner Flirt, was sollte da einer selbstbewussten Frau wie mir, die das Leben und die Liebe kannte, passieren?

Alles lief prima. Beim Feuergeben die Hand leicht streifen, beim Tanzen den Arm auf der Hüfte ruhen lassen, am Strand spazieren gehen und Muscheln suchen. Auch der Kuss in der Abendsonne, mit Meeresrauschen als Begleitmusik, war schön. Denn Rainer, so hieß der Marmeladenmann, gehörte zu den wenigen Männern, die tatsächlich küssen können. Dennoch, ich hatte immer noch die Kontrolle, und mein Gehirn stand auf Standby. Dann aber, auf dem Heimweg, stellte ich eine Frage, die man einem Mann – das weiß ich heute – niemals stellen darf. Ich fragte ihn, wonach er in seinem Leben suche.

Es war, als hätte er nur auf dieses Stichwort gewartet. Meine viel zu weit gefasste Frage bot ihm alle mir denkbaren Lügenchancen. Rainer verpasste seinem Gesicht einen schmerzerfüllten, leidenden Ausdruck. Er verordnete sich eine zehnsekündige Pause, dann knüpfte er sein Spinnennetz, exklusiv für mich, und hob an mit gesenkter, klagender Stimme:

Schon seit langem wisse er nicht mehr, wo sein Leben hinführen solle. Seit zwei Jahren sei er geschieden. Das kleine Mädchen, mit dem er sich häufig beschäftigen würde, sei seine Tochter. Er sei mit einer größeren Gruppe hier, mit Freunden und Bekannten, das sei für ein Kind lustiger. Vor einem knappen Jahr habe er seine Firma verkauft, wolle künftig nur noch von den Zinsen leben. Er sei mit in Urlaub gefahren, weil er vergessen wolle. Und er wäre schon längst abgereist, da es ihm emotional nicht gut gegangen sei. Aber just an jenem Tag, als er auf seine Flugumbuchung wartete, da habe er mich gesehen – und ein Blitzschlag hätte ihn getroffen. Das Spinnennetz war in Rekordzeit geknüpft, und Opfer Christine war schon im Anflug.

Als ich Rainers schwermütiges Gesicht sah und die zweite falsche Frage stellte, schnappte die Falle endgültig zu: Was er denn vergessen wolle, und weshalb er jetzt so traurig sei?

Kein Zweifel, Rainer kannte sich aus. Ein bisschen Gefühl, ein schweres Schicksal – und schon ist Frau bereit, Liebe und Vertrauen zu geben. Und Mann lebt wie ein Vampir von den Emotionen, die er mit List und Lüge abfordert, und saugt sein Opfer aus.

Und so erzählte Rainer, dass er nach der Scheidung vor zwei Jahren eine verheiratete Frau kennen gelernt habe. Er und Britta verliebten sich. Durch einen Fauxpas bei der Pilleneinnahme entstand ein Kind. Er schlug ihr vor, sich von ihrem Mann zu trennen und zusammen mit ihrem siebenjährigen Sohn und dem zu erwartenden Baby zu ihm zu ziehen. Eine Wohnung wurde gefunden, Möbel gekauft. Er habe der Frau sogar 400 000 Mark auf ihr Konto überwiesen – finanzielles Pfand als Liebesbeweis. Doch dann, so Rainer, kam der Tiefschlag. Die Dame brach die Schwangerschaft ab, erklärte die Beziehung für beendet und blieb, samt 400 000 Mark, bei ihrem Mann.

Welch eine Tragödie, dachte ich und spürte, wie meine Gefühle immer stärker wurden. Ein Mann, vom Leben und der Liebe geschlagen, genau wie ich.

Wie heißt es so schön: Halb zog er sie, halb sank sie hin. Und bevor ich ganz hinsank und wir miteinander schliefen, hielt Rainer inne und sagte, ziemlich feierlich: «Ich möchte, dass du weißt, dass ich nie wieder die Nummer zwei sein kann. Ich wünsche mir ein Kind von dir.»

Spätestens da war ich mir sicher: Dieser Mann war anders als die anderen, kinderlieb, verantwortungsvoll und sensibel.

Wieder zu Hause, erklärte ich meinem Mann, ich wolle noch einmal von vorne anfangen, würde wieder an Liebe, Vertrauen und Treue zwischen zwei Menschen glauben, möchte mit Rainer zusammenleben. Ich setzte alles auf eine Karte und tauschte meinen Hang zu Coolness und Zynismus gegen die Option voll Liebe und Geborgenheit ein.

Der Schock folgte nach drei Monaten. Am Telefon ein verzweifelter Rainer, die Stimme unheilschwanger: Die Vergangenheit habe ihn wieder eingeholt. Britta habe angerufen, er würde sie zwar nicht mehr lieben, aber er könne jetzt seinen Sohn sehen. Welchen Sohn? Ach so, von dem habe er mir bislang gar nicht erzählt. Britta habe ihn damals nach der Abtreibung unter Tränen der Reue angefleht, ihr doch gleich wieder ein Baby zu machen. Er habe ihr verziehen, und es sei wieder zur Schwangerschaft gekommen, woraus besagter Sohn entstanden sei. Den habe er aber nie sehen dürfen, weil Britta dann doch bei ihrem Mann geblieben sei. Ihm sagte sie, er habe erstens nicht die Rechte eines Vaters und dürfe zweitens schon gar nicht den Jungen sehen. Und als er seine 400 000 Mark Liebespfand von ihr wiederhaben wollte, blieb sie stur.

Zwei Monate lang entwickelte ich noch Gefühle für den so vom Schicksal Gebeutelten, den Marmeladenmann. Dann war Schluss mit süß. Nach und nach sammelte ich die Wahrheit zusammen, monatelang noch, hier ein Stück, da ein Stück. Das war ich mir schuldig. Wie ein Puzzle bastelte ich mir das wahre Gesicht von Rainer zusammen. Der Marmeladenmann und Gefühlsvampir war nie geschieden. Seine Ehefrau hatte er damals beim Cluburlaub mit dabei. Es war jene Dame aus der Gruppe, die zu Rainers kleiner Tochter immer so freundlich war. Kein Wunder. Dann gab es da noch ein drittes Kind, das er selbst nie gesehen hatte und auch nicht sehen wollte, weil er meinte, durch die Schwangerschaft gelinkt worden zu sein. Außerdem hatte nicht Britta Rainer erneut bedrängt, sondern umgekehrt.

Warum, fragte ich Rainer am Ende, hast du mich derart angelogen? Zu einem Urlaubsflirt hätte es doch auch ohne dieses Lügennetz gereicht?

«Meine Güte», kam die Antwort, begleitet von einem leisen, stockenden Schluchzen, «wenn ich die Wahrheit gesagt hätte, dann hätte ich doch nie eine Chance bei dir gehabt.»

Das musste man ihm lassen. Rainer war nicht nur der ideale Lieferant für ein Spermaversandhaus, sondern auch als mitleidheischender Gefühlsvampir unschlagbar.

Ich war seinerzeit durchaus zu einem Urlaubsflirt bereit. Auch wenn er mir seine wahre Familiensituation gestanden hätte, wäre ich mit diesem Mann ins Bett gegangen. Doch hätte ich die Affäre auf den Urlaub beschränkt. Verletzt fühlte ich mich erst dadurch, dass er mir einredete, es gehe ihm um große Gefühle und eine echte Beziehung. Im Übrigen verstehe ich nicht, warum immer noch so viele Männer davon ausgehen, Frauen könnten nie einfach nur mal Lust auf schnellen Sex haben.

Wenn Männer einen Orgasmus vortäuschen – oder: Nicht alle Lügner wollen «nur» betrügen

Das Thema «Lügen und Sex» ist ebenso unerschöpflich wie facettenreich. Allerdings steckt nicht hinter jeder Lüge die Absicht, eine Frau rumkriegen zu wollen, sondern bisweilen versteckt sich der Lügenmann auch hinter einer Unwahrheit, um ein Problem zu vertuschen, das seinem Ego schwer zu schaffen macht.

Wer erinnert sich nicht an jene herrliche Szene in dem amerikanischen Spielfilm *Harry und Sally* mit Billy Crystal und Meg Ryan, als Sally mitten im voll besetzten Restaurant ihrem Freund ebenso laut- wie ausdrucksstark demonstriert, wie mühelos eine Frau ihrem Bettgespielen einen Orgasmus vortäuschen kann. Ich bin sicher, dass das weibliche Publikum bei dieser Szene wesentlich mehr zu lachen hatte als das männliche. Vielen meiner Geschlechtsgenossinnen kam das Thema wohl bekannt vor, hatten sie dieses Schauspiel doch schon persönlich inszeniert. Etwa wenn Sie gerade mal keine sonderliche Lust zum ehelichen Beischlaf hat und Ihm, um Zeit zu sparen, nach kurzer Zeit einen Orgasmus vorgaukelt.

Wer aber lacht noch, wenn es mal umgekehrt kommt? Oder, präziser gesagt: Wenn Es oder Er nicht kommt? Das Vortäuschen eines Orgasmus ist inzwischen auch bei Männern Mode. Mir fiel eine Untersuchung der Hamburger Psychologin Angelina Borgaes in die Hände, die eine repräsentative Umfrage mit dem Thema «Vorgetäuschte Orgasmen von Männern» durchgeführt hat. Nach ihrer Statistik verrät jeder zweite deutsche Mann im sexuell aktiven Alter seiner Partnerin garantiert nicht, dass er ihr schon einmal einen Orgasmus fälschlicherweise vorgestöhnt hat. Die Hälfte aller Männer tat also schon mal so, als ob.

Das Stöhn-Theater, so Angelina Borgaes, sei längst keine Frauendomäne mehr. So berichtet sie beispielsweise vom Fall eines achtundzwanzigjährigen Fotografen, dessen Frau mehrfach die sexuelle Kondition und Standfestigkeit seines Vorgängers gepriesen hatte. Der Fotograf mochte sich nicht lumpen lassen und mühte sich nach Kräften, die hochgesteckten Erwartungen seiner Gattin zu erfüllen. Doch er stieß rasch an seine Grenzen. Um nicht als Verlierer dazustehen, täuschte er seiner Frau schlichtweg Orgasmen vor.

Als ich im Freundeskreis dieses Thema zur Sprache brachte, schlug mir zunächst ungläubiges Staunen entgegen. Einige Tage später meldete sich jedoch eine der Frauen und erzählte mir folgende Geschichte:

Meine Freundin hatte einen Mann kennen gelernt, mit dem sie nach kurzer Zeit ins Bett ging. Er hatte sie mit seinen sexuellen Versprechungen ziemlich neugierig gemacht, und sie wollte nun ausprobieren, was sich dahinter verbarg. Sie erkannte, dass der Mann tatsächlich Stattliches vorzuweisen hatte, darüber hinaus innerhalb kurzer Zeit immer wieder zu neuen Taten aufbrach. Die Frau fühlte sich dabei ausgesprochen gut, der Herr ganz offensichtlich auch, jedenfalls den begeisterten Lauten nach zu urteilen, die er von sich gab.

Doch irgendwann begann sie, aus welchem Grund auch immer, seinem Potenzgestöhne zu misstrauen. Sie beobachtete ihren Bettpartner genauer, kam ihm auf die Schliche und stellte ihn schließlich zur Rede. Nach einigen aufmunternden Worten war der Liebhaber geständig: Er gab zu, schon seit vielen Jahren Frauen zu befriedigen, ohne selbst zum Orgasmus zu kommen. Zwar bekam er ohne sonderliche Anstrengung Erektionen, doch auf den klassischen Männer-Orgasmus mit Ejakulation musste er verzichten. Je länger er über sein Problem sprach, desto offener und ungezwungener tat er es.

Die Psychologin Borgaes fand bei ihrer Befragung heraus, dass die meisten Vortäuscher erleichtert waren, endlich über ihr orgastisches Defizit reden zu können. Wobei die körperlichen Reaktionen von Männern durchaus unterschiedlich sind: Die einen ejakulieren, ohne ein Orgasmusgefühl zu haben, die anderen genießen zwar einen Orgasmus, ejakulieren aber nicht; wieder andere haben weder das eine noch das andere – und dennoch eine Erektion. Einer der Befragten gab an, bereits seit zwanzig Jahren Partnerinnen Hochgefühle vorzutäuschen. Er selbst, sagte er, habe damit keinerlei Probleme. Womit er zweifellos eine Ausnahme darstellt – denn für fast alle Männer gehört der Orgasmus zum Sex wie das Tor zum Fußball. Andrea Borgaes entdeckte bei den meisten Männern gar «eine zwanghafte Fixierung auf den Orgasmus». Es sei «Teil des männlichen Selbstbildes, der sexuellen Norm, unbedingt Orgasmen haben zu müssen».

Doch selbst wer zum Höhepunkt kommt, fühlt sich oft unbefriedigt, weil es ihm nicht so kam, wie es kommen sollte. Und dann kommt es, wie es kommen muss, etwa beim dänischen Schriftsteller Morton Thing: «Wenn ich komme, habe ich oft das Gefühl, als würde sich der Orgasmus durch ein winzig kleines Löchlein im Körper seinen Weg bahnen. Danach ist mir, als hätte ich genauso gut heulen können.» Und sein Landsmann, der Sexualwissenschaftler Willy Thrysoe, beschreibt das Männer-Problem so: «Viele haben nur einen oberflächlichen Orgasmus, begrenzt auf die Umgebung direkt um den Penis. Sie bekommen oft nicht das saugende und mystische Ganzheitserlebnis, über das Frauen berichten.»

Seit vielen Jahren, ja Jahrtausenden beschäftigt Mann sich mehr mit dem weiblichen Körper und seinen Mysterien als mit seinem eigenen. Alles erdenkbar Mögliche an Wissen trug Mann zusammen, um immer mehr über die Sexualität der Frau herauszufinden. Angefangen von den alten Chinesen, Griechen und Römern bis hin zu Oswalt Kolle und anderen Sexualaufklärern, stets mühten sich Männer, die erotischen Geheimnisse der Frauen mitsamt ihren sexuellen Möglichkeiten zu ergründen. Längst kennt Mann den Unterschied zwischen klitoralem und vaginalem Orgasmus, die erogenen Zonen seiner Partnerin und weiß um Vorspiel und Nachspiel, mal besser, mal schlechter Bescheid. Doch sosehr er sich freut über die in breiter Front gestiegenen sexuellen Aktivitäten der Frauen, so ahnungslos ist er in Bezug auf seine zunehmende Lustlosigkeit, bis hin zum Triebverzicht.

Wenn dann noch Kritik aus dem eigenen Lager hinzukommt,

wird das männliche Selbstvertrauen besonders strapaziert. Der Soziologe Walter Hollstein, einer der bekanntesten Männerforscher im deutschsprachigen Raum, spricht von «durchaus berechtigten Ängsten der Männer vor der Wankelmütigkeit der eigenen Potenz und vor der Orgasmusfähigkeit der Frau». Überall, in der Geschichte wie in der Gegenwart, treffe man auf die Angst des Mannes vor der sexuellen Kraft und Ausdauer der Frau.

In der Tat weisen zahlreiche Untersuchungen nach, dass Frau zu aufeinanderfolgenden und sich steigernden Orgasmen fähig ist. Mediziner erklären diese weibliche Fähigkeit zum Non-Stop-Vergnügen mit der enormen Blutzufuhr und Flüssigkeitskonzentration im Gewebe des Beckens. Mary Jane Sherfey, eine Ärztin, die in ihrer klinischen Praxis diesem Phänomen systematisch nachging, stellte fest: «Je mehr Orgasmen die Frau erlebt, desto stärker werden sie; und je mehr Orgasmen sie erlebt, desto mehr kann sie erleben. Also ist die Frau in jeder Hinsicht angesichts eines Höchstmaßes an sexueller Sättigung sexuell ungesättigt.»

Bis heute habe vor allem Mann noch nicht realisiert, dass regelmäßige Reihenorgasmen bis hin zur totalen körperlichen Erschöpfung möglicherweise die biologische Norm für die sexuelle Potenz der Frau sein können. Wenn dem so ist, dürfte dies gerade jene Frauen beruhigen, die bislang abfällig als mannstoll eingeschätzt wurden. Sie wären dann nichts weiter als weibliche Wesen mit normal entwickelter Sexualität.

Es gibt heutzutage immer mehr Frauen, die den Mut zum sexuellen Selbstbekenntnis aufbringen und offen über ihre Bedürfnisse sprechen und schreiben. Zu früheren Zeiten gehörte ungleich mehr Courage dazu. Von der Schriftstellerin Peggy Parnass fand ich ein Zitat, das die fast grenzenlose weibliche Sexualität exemplarisch beschreibt: «Liebhaber waren für mich immer Drogen. Es genügt nicht, das Anfangsstadium zu halten, es muss sich verdoppeln, vervierfachen, vervielfachen. Das klingt, als ob ich totgefickt werden möchte. Möchte ich auch. Aber nicht aus körperlichen, sondern aus psychischen Gründen. Es ist das Ausgelöschtwerdenwollen und der

Wunsch, den anderen auszulöschen. Diese Intensität überwältigt Männer und macht ihnen dann Todesangst.»

Bei so viel Power-Potenz wird selbst Männerforscher Hollstein mulmig: «So etwas kann Männer schon beunruhigen, aber auch Neid erwecken. Da gibt es also ein Wesen, von Natur her offen und ohne Anstrengung zu unbegrenzter Lust fähig. Wir hingegen müssen uns sammeln, Muskeln anspannen und Glieder aufrichten – und dies alles noch ohne Gewähr, dass es auch klappt.»

Da werden manchen Männern die müden Glieder so schwer, dass ihre Lust in sich zusammensinkt. Oder sie gaukeln Akte im Bett vor und fühlen sich dabei wie vor Akten im Büro.

Von Gerd zu Gerda – oder: Wenn Männer ihre Geschlechtsidentität wechseln

Bislang musste ich mich, bis auf eine kurze Ausnahme, sehr zurückhalten, um auf die Geschichten und Erfahrungen meiner Freundin Moni aus Hannover zu verzichten. Doch nun ist der Zeitpunkt gekommen, diese Frau ins Spiel zu bringen, die mit Männern so ziemlich alles erlebt hat, was Frau mit jenem Geschlecht erleben kann, das von vielen noch immer das «starke» genannt wird. «Alle Frauen wissen, dass Männer lügen», bündelt Moni ihre gesammelten Erfahrungen zusammen, «aber wir verdrängen es.»

Schon von ihrer Herkunft bringt Moni alles mit, was sie zur Expertin für Männer mit speziellen Vorlieben befähigt. Ihr Vater zog, statt ihre Mutter zu heiraten, lieber durch die schöne weite Weiberwelt und zeugte allüberall Nachkommen. Ihre Schwester entdeckte nach vielen Ehejahren eines unschönen Tages, dass sie mit einem notorischen Spanner liiert war, der nächtens um die Häuser schlich, um heimlich in die Schlafzimmer der Nachbarn zu schauen. Ihr Bruder wurde, trotz der männerfeindlichen Erziehung der Mutter, wohl gerade deshalb schwul – jedenfalls Monis psychologischen Ausdeutungen zufolge. Doch damit nicht genug, erweiterte Moni ihre persönlichen Erlebnisse um einen stattlichen Fundus an Storys selbst von flüchtigen Bekannten. Weil sie ihre eigenen Männergeschichten gut und gerne preisgibt, hört sie – Frau will sich nicht lumpen lassen – auch von anderen immer wieder neue Variationen über das alte Lied.

Doch bleiben wir bei Moni selber. Ihre erste heiße Liebe genoss sie mit achtzehn Jahren. Sie absolvierte gerade die Ausbildung zur Dekorateurin, er war gelernter Dekorateur. Nach einigen Monaten zogen die beiden zusammen. Ein weiteres Jahr darauf waren Moni und Gerd verheiratet.

«Alles lief prima», erinnert sie sich, «wir kamen gut miteinander aus, stritten selten, verstanden uns auch im Bett.» Eines Abends kam Moni früher als erwartet nach Hause. Im Badezimmer fand sie Gerd, wie er sich neugierig vorm Spiegel musterte – in ihren Damendessous. «Als er mich in der Tür stehen sah, wurde er kreidebleich, rang nach Worten, faselte etwas von einem karnevalistischen Ulk seines Kegelclubs, und das in der Fastnachts-Diaspora Hannover. Plötzlich passte für mich alles zusammen: die seit langem unerklärliche Unordnung in meinem Kleiderschrank, die fehlenden Schminkutensilien, das geheimnisvolle Verschwinden zweier BHs und so weiter …»

Die Vergangenheit erschien Moni mit einem Male wie ein schöner, die Gegenwart wie ein böser Traum. Und die Zukunft? «Es gab keine mehr», erzählt Moni, «unsere Beziehung ging auseinander. Ich habe wochenlang nur geheult. Es war, als hätte man mir meine gesamte Existenz unter den Füßen weggezogen. Unsere Ehe wurde geschieden. Ich hätte meinem Mann nichts mehr glauben können. Ich hatte mit einer Person zusammengelebt, in der zwei Persönlichkeiten vereint waren. Mit diesem Trug konnte ich mich nicht abfinden.»

Gerd verschwand spurlos von der Bildfläche. Drei Jahre später, meine Freundin war gerade auf dem Weg zum Hannoveraner Hauptbahnhof, kam ihr auf der Straße eine attraktive Frau entgegen. Sie trug einen engsitzenden schwarzen Rock, hohe Schuhe und eine schwarze Lederjacke. Das Haar war mittelblond und ging bis zu den Schultern. Kurz vor Moni blieb sie stehen, lächelte und fragte: «Moni, bist du das?» Die hielt leicht verwirrt inne, nickte und blickte fragend zurück. «Ich bin's, Gerda, Gerd, dein Ex-Mann!» Da stand er/sie nun, der Mann von einst als Frau von heute.

«Als ich Gerda so vor mir sah, war mir, als träfe ich eine gute alte Bekannte», erinnert sich Moni. «Das war nicht mehr mein Ex-Mann. Vor mir befand sich eine Frau, dazu eine, die auch noch ganz gut aussah. Ich horchte in mich hinein, suchte meine Emotionen zu orten, spürte aber zu meinem eigenen Erstaunen keinerlei Aggression. Gegenüber wem auch? Gerd gab es nicht mehr, dafür gab's Gerda.» Und als Gerda ein Treffen vorschlug, bei dem die beiden sich mal so richtig ausquatschen sollten, willigte Moni sofort ein.

Ein paar Tage darauf trafen sie sich in einem Café – und Gerda erzählte einen ganzen Nachmittag lang ihre Geschichte: Er war gerade 16 geworden, als Gerd zum ersten Mal «einen Verwandlungsdrang» spürte. Jedesmal wenn seine Mutter abends zum Strickkurs ging, durchstöberte der Junge die Wäscheschränke. Dann zog er seine Klamotten aus und die der Mutter an. Zunächst dachte Gerd sich nicht viel dabei, empfand anfangs seine Metamorphosen als harmlosen Spleen. Als er merkte, dass es ihm mehr und mehr gefiel, bekam er Angst und stürzte sich wie wild auf Mädchenbekanntschaften. Quasi als Selbstmedikation.

«Als ich dich kennen lernte», versicherte er Moni an jenem Nachmittag im Café, «verliebte ich mich, und ich war mir sicher, dass ich meine Vorlieben nun verlieren würde. Leider war dem nicht so.»

Nach der Trennung von Moni geriet Gerd in eine tiefe Krise. «Ich wusste nicht, ob ich ein Transvestit war, der sich ab und zu gerne in Frauenkleidern sehen lässt und sich mal als Mann, mal als Frau präsentiert, oder ob ich lieber ganz in die Frauenrolle schlüpfen wollte. Ich war total verzweifelt.»

Mit Hilfe einer Überdosis Schlaftabletten unternahm Gerd einen Selbstmordversuch. Eine Nachbarin, die ihn vorher in seiner Wohnung noch hantieren hörte und sich zwei Zitronen borgen wollte, machte sich nach vergeblichem Klingeln Sorgen und alarmierte die Polizei. «Hätte die Frau nicht so ungewöhnlich vorsichtig reagiert, wäre ich längst tot.»

Ein Psychotherapeut im Krankenhaus empfahl Gerd eine Selbsthilfegruppe. Von da an gings ihm besser.

«Und ich wusste, was ich zu tun hatte. Ich wollte nur noch Frau sein.»

Zunächst verließ er die Stadt, suchte sich woanders einen neuen Job. Um die weiblichen Rundungen zu betonen, besorgte sich Gerd auf dem schwarzen Markt weibliche Hormonpräparate. Die glattere, weichere Haut und ein gefühlsbetonteres Empfinden zahlte er mit bewusst eingegangenen Gesundheitsrisiken wie erhöhter Krebs- und Thrombosegefahr. Er unterzog sich einer geschlechtsangleichenden Operation und nannte sich fortan Gerda. Sogar mit amtlicher Anerkennung. Denn nach dem Transsexuellengesetz von 1980 ist Personen, die sich als Unverheiratete einer operativen Geschlechtsumwandlung unterzogen haben, ab dem 25. Lebensjahr die Änderung des Vornamens erlaubt.

Heute ist Gerda eine von rund 5000 erwachsenen Transsexuellen in Deutschland. Noch immer wissen die Wissenschaftler nicht, wie Transsexualität entsteht. Psychologen, Endokrinologen, Genetiker und Sexualwissenschaftler überbieten sich gegenseitig mit Hypothesen. Die einen glauben, die Ursachen könnten in der seelischen Entwicklung des Kindes liegen, Forscher wie der Niederländer Louis Gooren dagegen stellten bei Mann-zu-Frau-Transsexuellen im untersten Bereich des Zwischenhirns (Hypothalamus) Veränderungen fest, wie man sie sonst nur bei Frauen findet. Ganz anders der renommierte Frankfurter Sexualwissenschaftler Volkmar Sigusch. Er fordert dazu auf, die Transsexualität einfach hinzunehmen: «Wir sollten die Illusion aufgeben, wir könnten eines Tages die Ursache und damit eine Therapie finden.» Denn, so Sigusch: «Das Verrückte am Transsexualismus ist, dass die Transsexuellen nicht verrückt sind.»

Davon ist auch meine Freundin Moni nach ihrem Treffen mit ihrem Ex-Mann Gerd überzeugt. «Wir halten seit diesem Wiedersehen Kontakt. Zwar nicht sehr häufig, weil Gerda 80 Kilometer entfernt wohnt, aber immerhin.» Und Gerda? «Mir geht es als Frau prima. Und seit ich in Siguschs Buch *Geschlechtswechsel* gelesen habe, dass es in den meisten Indianerstämmen Nordamerikas bis zur Ankunft der Weißen biologische Männer gab, die sich wie selbstverständlich als Frauen kleideten und sowohl Männer als auch Frauen heirateten, fühle ich mich erst recht nicht mehr als Exot.»

Und für mich ist Gerds beziehungsweise Gerdas Geschichte ein schönes Beispiel dafür, dass es, wenn Lügen irgendwann einmal durch Zufall auffliegen, auch für den Lügner selbst wie eine Befreiung sein kann. Ähnlich empfindet auch Moni, auf deren reichen Erfahrungsschatz ich noch öfter zurückgreifen werde.

3. Lügen und Beruf

Lieber ein Penner als die Wahrheit – oder: Wenn Männer ihre Arbeitslosigkeit verschweigen

Auf der Hitliste männlicher Lügen stehen all jene, die direkt oder indirekt mit dem Thema Sex zu tun haben, unangefochten auf den ersten Plätzen: Mann lügt, wenn er eine Frau zum Sex rumkriegen will; Mann lügt, wenn er mal wieder in fremden Revieren gewildert hat; und Mann lügt auch, wenn er eine Beziehung beenden will. Davon wird später noch zu reden sein.

Ein weiteres, äußerst beliebtes Feld, auf dem sich Lügner nach Herzenslust auszutoben pflegen, ist ihr Beruf und alles, was damit zusammenhängt: Geld, Erfolg, Prestige, Macht. Natürlich ist Er in seinem Job eindeutig der Beste. Ohne Ihn würde in seiner Firma nichts laufen. Und wenn Er wollte, könnte er sich jederzeit verbessern, die Headhunter stehen schließlich Schlange vor seiner Tür. Wenn er trotzdem alles beim Alten belässt, dann ausschließlich aus Loyalität seinem Chef und den Kollegen gegenüber.

Und wem erzählt Mann diese Lügen am liebsten? Natürlich einer Frau, besonders, wenn er sie noch nicht völlig von seinen in jeder Hinsicht überwältigenden Qualitäten überzeugen konnte. Dann wird der Maurer flugs zum Bauunternehmer, der technische Zeichner zum Architekten und der Klempner zum Ingenieur. Der Angetrauten gegenüber legt er natürlich auch keine falsche Bescheidenheit an den Tag – mit einer kleinen Ausnahme: Bis auf den Pfennig genau muss sie ja nicht wissen, wie viel er verdient. Vor al-

63

lem in der älteren Generation dürfte es so manche Frau geben, die über das Einkommen ihres Göttergatten nur unzulänglich informiert ist.

Die Kehrseite des fast schon selbstverständlichen männlichen Hangs zu Übertreibungen ist das Verschweigen oder Beschönigen von Niederlagen und Misserfolgen. Wenn Er bei einer Beförderung übergangen wird, kann das nur auf eine Intrige des bevorzugten Konkurrenten zurückgehen. Aber da er sein jetziges Aufgabenfeld so sehr liebt und Geld – plötzlich – ja nicht alles ist, kann er zu guter Letzt sogar froh sein, dass man ihn übergangen hat.

So weit, so schlecht. Schwierig wird es jedoch, wenn ein Fall eintritt, der für jeden Betroffenen ein bedrohliches Problem darstellt: Arbeitslosigkeit. Jetzt kann Mann nichts mehr schönreden oder gar verbergen – es sei denn, er ist ein wirklich begnadeter Laienschauspieler. Und von so einem Herrn weiß einmal mehr meine Freundin Moni aus Hannover zu berichten.

Kaum hatte Moni ihre Scheidung von ihrem Mann Gerd/Gerda hinter sich gebracht, da wartete schon der nächste Reinfall auf sie. Er hieß Bernd und war Kunstschreiner. Behauptete er jedenfalls.

Es dauerte nicht lange, bis meine frisch verliebte Freundin den Neuen in ihre Wohnung aufnahm. Bernd gefiel es auf Anhieb gut dort. Er richtete sich häuslich ein und hatte nichts dagegen, dass Moni ihm jeden Morgen das Frühstück ans Bett brachte und ihn auch sonst tatkräftig verwöhnte.

Bernd arbeitete bei einer angesehenen Firma, die für teures Geld Möbel restaurierte. Zumindest sagte er das. Jeder Tag begann für die beiden mit dem gemeinsamen Frühstück im Bett. Danach ging Bernd unter die Dusche, zog seine Arbeitsklamotten an, setzte sich in seinen Kombi und fuhr los. Wenn Moni, die etwas später aus dem Haus musste, abends heimkehrte, saß Bernd im Sessel, las Zeitung oder guckte Richtung Fernseher und lächelte freundlich. Manchmal – nicht oft, aber immerhin – stand er auch in der Küche und bereitete das Abendessen vor.

Nach den Erlebnissen mit ihrem transsexuellen Ex schien es bei

Moni privat wieder aufwärts zu gehen. Ihr neuer Partner war ausgeglichen, meist gut gelaunt, ein rundherum netter Mensch. Sie war glücklich. Und Bernd war es auch. Sagte er jedenfalls. Als er ihr vorschlug, ein gemeinsames Konto einzurichten, deutete Moni dies als kleines Versprechen auf die Zukunft und willigte bereitwillig ein. Auch sexuell stand Bernd, laut Monis Angaben, durchaus seinen Mann. Kein Grund zur Klage also.

So ging ein halbes Jahr ins Land. Dann kam die kalte Dusche. Moni saß am Schreibtisch und sah die Kontoauszüge durch. Dort, wo vorher noch rund 9500 Mark auf der Habenseite gestanden hatten, verkroch sich nun die kümmerliche Summe von 65,20 Mark. Bei der Aussprache am Abend ergriff Bernd sogleich das Wort und gestand, ganz offensichtlich mit schlechtem Gewissen, er habe Spielschulden gemacht und deshalb in höchster Not das Konto beanspruchen müssen. Aber er würde mit zusätzlichen Abendschichten das Geld schnell wieder reinholen und zurückzahlen, 10 000 Mark inklusive Zinsen. Moni ließ sich besänftigen.

In der Tat schien Bernd in der Folgezeit mehr als je zuvor zu arbeiten. Er verließ morgens um halb acht die Wohnung und kam abends gegen elf Uhr nach Hause. Gleichwohl blieb seine Laune unverändert gut. Der Stress schien ihm nichts anhaben zu können. Ab und zu meldete er Moni positive finanzielle Zwischenstände: Er habe schon mehr als die Hälfte des Geldes zusammen, möchte jedoch alles zusammen wieder aufs Konto einzahlen, schließlich hätte er sich ja die Summe auch auf einmal genommen. Aber in drei Monaten sei alles bereinigt.

Kurz vor Ablauf der Frist musste Moni wegen eines Dekorationsauftrages für ein großes Kaufhaus drei Tage nach Hamburg. Ihr dortiger Arbeitsplatz befand sich in unmittelbarer Nähe des Hauptbahnhofs. In einer Mittagspause lief meine Freundin in die Bahnhofshalle, um sich ein Brötchen zu holen. Unterwegs wurde sie von einem Bahnhofspenner angesprochen. «Haste mal 'ne Mark?» Die Stimme kam von der Seite. Moni schaute den Mann an. Er war nicht allein. Neben ihm standen zwei «Kollegen» – mit dumpfen Gesichtern, zerzausten Haaren, zerlumpten Jacken und kaputten Schuhen, in denen keine Strümpfe steckten. Sie hielten ebenfalls die Hand auf. Einer von ihnen war Bernd.

Als ich Moni bat, mir für dieses Buch ihre Gefühle in diesem Augenblick zu schildern, lehnte sie zunächst ab. «Das war einer der schlimmsten Momente in meinem Leben, diese Szene habe ich aus meinem Gedächtnis gestrichen», erklärte sie. Einige Wochen später rief sie mich an und gab grünes Licht.

«Nach unserem Gespräch wurde ich natürlich wieder, ob ich wollte oder nicht, an diese unheimliche Begegnung im Hamburger Hauptbahnhof erinnert. Es war, als würde ich alles noch einmal erleben. Ich habe diesen Augenblick viele Jahre lang verdrängt. Nach der Rückerinnerung aber fühle ich mich wie befreit. Es macht mir nichts mehr aus.»

Das Gefühl, das Moni beschrieb, erinnerte mich an meines, als ich von Jo's Verhältnis erfahren hatte. «Als ich Bernd gegenüberstand», so Moni, «wollte ich mir zuerst einreden, die Person mir gegenüber sei gar nicht er. Und wenn sie es wäre, würde ich nur träumen. Doch nach wenigen Sekunden war ich mir der Realität bewusst, und ich spürte großen Brechreiz.»

Daheim in Hannover, beim gemeinsamen Gespräch, blieb kein Auge trocken. Moni weinte vor Wut, Bernd vor Scham. «Und es dauerte eine gute Woche, bis ich die ganze Wahrheit aus ihm herausgeholt hatte», erzählt Moni.

So ziemlich das Einzige, was an Bernds Geschichte stimmte, war sein Beruf. Er hatte als Kunstschreiner eine feste Anstellung gehabt und gutes Geld verdient. In dieser Zeit lernte er Moni kennen. Ein paar Wochen darauf wurde ihm gekündigt. Es traf ihn wie ein Blitz aus heiterem Himmel. Bernds Selbstbewusstsein geriet ins Wanken, und sein Selbstwertgefühl tendierte gegen Null. Jeden Morgen verließ er zur selben Zeit das Haus, setzte sich in seinen Wagen, stellte sich auf einen Parkplatz und las die Zeitung. Oder er fuhr ein paar Kilometer außerhalb ins Grüne und ging spazieren. Gegen Abend kam er pünktlich zurück und freute sich auf Monis Erscheinen.

Als Moni entdeckte, dass Bernd fleißig Geld vom gemeinsamen Konto abgehoben hatte, erfand er die Geschichte vom Pech beim Glücksspiel.

Die abendlichen Überstunden verbrachte er meist im Kino oder in der Kneipe. Um seinen täglichen Geldbedarf zu decken, fuhr er fast jeden Tag nach Hamburg – zu seinem neuen Arbeitsplatz am Hauptbahnhof. Dort ging er auf die Toilette, zog sich um und kam als Penner wieder heraus. Seine Privatklamotten bewahrte er im Schließfach auf, seinen «Berufsdress» in einer Plastiktüte im Auto.

Monis Resümee: «Der Verlust seines Arbeitsplatzes war Bernd so peinlich, dass er lieber als Bettler sein Geld verdiente, als sich mir anzuvertrauen. Die Kündigung hatte seine Würde und sein Selbstvertrauen zutiefst verletzt. Er schämte sich, dass ich einen Job hatte und er nicht. Nachdem er mir alles gebeichtet hatte, tat er mir fast Leid. Aber es war mir natürlich klar, dass ich mit einem solchen Mann nicht länger zusammenleben konnte.»

Auch Bernd sah dies ein. Am Ende offerierte er Moni noch eine kuriose Wiedergutmachungszahlung: Sein dreimonatiger Ausflug in die Hamburger Pennerszene hatte ihm immerhin einen Überschuss von fast 4000 Mark gebracht – eine Summe, die er Moni geben wollte. Meine Freundin lehnte ab. «Ich wollte kein Geld, das von ahnungslosen Menschen erbettelt worden war.»

Mit dem Beruf verheiratet

Monis Geschichte ist kein Einzelfall. Immer wieder hört und liest man von Männern, die ihre Arbeitslosigkeit vor Frau und Kindern verheimlichen. Sie nehmen komplizierteste Lügengebilde, umständlichste Organisationsmaßnahmen und drohende Isolierung in Kauf, nur um von ihrem beruflichen Desaster abzulenken. Wenn eine Frau ihren Job verliert, trifft auch sie das hart. Doch nach kurzer Leidenszeit ergreift sie – und das oft genug kämpferisch-optimistisch – die Initiative und geht auf Stellensuche. Verliert ein

Mann seinen Arbeitsplatz, bedeutet das für ihn zumeist den GAU, das größte anzunehmende Unglück.

Der Paartherapeut Hans Jellouschek stellt in seinem Buch *Mit dem Beruf verheiratet* zu diesem Thema fest: «Die berufliche Arbeit ist immer noch ein Hauptfeld der Selbstverwirklichung des Mannes, weil er da spezifisch männliche Eigenschaften wie Zielorientiertheit sowie die Neigung zu Kampf und Konkurrenz ausleben kann.» Das bringt zwar vielen Spaß, aber auch Verdruss. «Häufig kommt das berufliche Überengagement aus einem Zwang, sich in der Arbeit zu bewähren», erläutert Jellouschek die Nachteile, «bei vielen Männern besteht eine zu enge Kopplung zwischen ihrer Leistung und ihrem Selbstwertgefühl. Ihr Selbstbild hängt ausschließlich davon ab, ob sie im Beruf bestehen und ob sie die Leistung bringen, zu der sie sich aufgefordert fühlen.»

Die Anforderungen, welche die meisten Männer an sich selbst stellen, werden wie beim Staffellauf von Generation zu Generation weitergereicht. Viele Jungen wachsen noch immer mit der Botschaft auf: «Du bist nur okay, wenn du viel leistest.» Und diese Botschaft geben sie dann an ihre eigenen Söhne weiter. Was Wunder, dass Mann, der so eng mit seinem Beruf liiert ist, diesen nicht selten über Partnerschaft oder Familie stellt.

Viele Männer, so kommt es mir vor, vertreten die Auffassung: Im Job muss ich mich einsetzen, die Beziehung läuft schon von alleine. Hinzu kommt, dass es Männern ohnehin schwerer fällt als Frauen, sich auf Beziehungen und deren damit verbundene Pflege einzulassen. Sie finden sich im Job besser zurecht als zu Hause. Bei der Arbeit stehen sie ihren Mann, weil es hier um Zeiten und Zahlen, Fakten und Vorgänge, Planungen und Projekte geht – alles ebenso handfest wie berechenbar. Daheim hingegen warten Beziehungen mit Belastungen, Gespräche mit Gerangel, Diskussionen mit Dissonanzen. Im Büro kann Mann sich helfen, zu Hause ist er hilflos; hier fühlt er sich wohl, dort fremd.

Unter diesen Umständen ist es kein Wunder, wenn eine stattliche Anzahl meiner Geschlechtsgenossinnen das Gefühl nicht los wird, dass ihr Mann seinen Job mehr liebt als sie. Ich kenne etliche solcher Frauen mit entsprechenden Männern. Während sie seine Arbeit fast wie eine Geliebte wahrnimmt, wie eine Konkurrenz, auf die sie eifersüchtig ist, wünscht er sich zu Hause vor allem Entspannung. Und zwar so, wie er sie schätzt: am liebsten nicht durch aktive Kommunikation mit dem Partner, sondern durch passive mit dem Fernseher.

Wo Männer die Prioritäten von Beruf und Beziehung so setzen wie gerade geschildert, ist eines klar und zwangsläufig: Verliert eines dieser Exemplare seinen Job, ist gleich der ganze Kerl verloren. Mann fühlt sich dann seiner Bedeutung, seines Wertes, seiner ganzen Existenz beraubt.

Männer und Geld – oder: Was Mann alles für sich behält

Wer hat wohl die folgenden Sätze gesagt, ein Mann oder eine Frau? «Ich habe meine Kontoauszüge versteckt, denn ich will nicht, dass Toni sie sieht. Das hielte ich für gefährlich.»

Wissen Sie die Antwort? Richtig, ein Mann! Es war einer von vielen, die Dory Hollander im Verlauf der Recherchen zu ihrem bemerkenswerten Buch *Die Lügen der Männer* interviewte, um typisch männlichen Lügen auf die Spur zu kommen. Und dieser Mann war beileibe nicht der Einzige, der auf vergleichbare Fragen Antworten dieser Art gab.

Nun werden manche erfahrene Leserinnen ins Grübeln geraten und sich fragen, wie diese finanzielle Verschwiegenheit eigentlich zu dem Geprahle passt, das viele Männer bei ihrer Anmache absondern. Wenn sie, kaum dass sie sich vorgestellt haben, von ihren grandiosen Berufsaussichten und den damit verbundenen astronomischen Geldsummen sprechen. Über die typischen Anmache-Lügen äußert sich

Catharina Lohmann in ihrem Buch *Frauen lügen anders* wie folgt:
Am Hormonrausch überschätzt Mann grundsätzlich neben der einen auch noch seine finanzielle Potenz. Angeführt wird die Hitliste
des Maulheldentums von klingender Münze: Die ökonomische Situation wird den Wunschträumen angepasst, die Karrierechancen
steigen parallel zur Erregungskurve in schwindelnde Höhen.»

Es gilt als Volksweisheit, dass Männer behaupten, mehr zu verdienen, und Frauen vorgeben, weniger auszugeben. Nach Dory
Hollander steht die Behauptung, finanziell erfolgreich zu sein, und
zwar erfolgreicher, als dies wirklich der Fall ist, auf der männlichen
Lügen-Liste ganz oben. Ist die Herzensdame aber erst einmal als
Lebensabschnittspartnerin zumindest mittelfristig gewonnen, verschließt Mann sich schnell wieder wie eine Auster. Dann lügt er
nicht mehr im Stile eines Maulhelden, sondern benimmt sich eher
wie ein Undercoveragent. Von solch einem Vertreter der Spezies
Mann weiß eine Bekannte von mir ein Lied zu singen.

*Eckhart und Sophie lernten sich kennen, da war er Student in Frankfurt
am Main, und sie ging noch aufs Gymnasium. Gleich nach Eckharts
Examen wurde geheiratet. Dass schon bald das erste Kind zur Welt kam,
war zwar so nicht geplant, dennoch war die Freude groß. Sophies Studienpläne wurden nun erst einmal hinfällig, dafür hatte Eckhart eine gute
Anstellung als Biochemiker bei einem Pharmakonzern bekommen.*

*Die Familie vergrößerte sich rasch, personell wie räumlich: Nach dem
dritten Kind zog man in ein Reihenhaus. Finanziell gab es keine Probleme. Eckhart kam in der Firma gut voran, was entsprechend honoriert wurde. Sophie verfügte über ein eigenes Haushaltskonto. Die finanziellen Angelegenheiten regelte sämtlich ihr Mann. Sie hätte zwar
gerne gewusst, was Eckhart verdiente, doch immer wenn sie dieses Thema anschnitt, verschloss er sich und lenkte ab mit Gegenfragen wie etwa:
«Wieso, reicht dein Haushaltsgeld nicht?» Als Sophie einmal mit ihrer
Schwiegermutter darüber sprach, lachte diese nur und meinte, das kenne
sie, schon Eckharts Vater habe immer ein Geheimnis um sein Gehalt und
seine Ausgaben gemacht.*

Früher war Eckhart mit seinem Vater oft beim Galopprennen auf dem Hippodrom in Frankfurt-Niederrad gewesen. Der Vater liebte Pferdewetten und zockte leidenschaftlich gerne. Wie viel Geld er im Laufe der Jahre dabei gewonnen bzw. verspielt hatte, wusste Eckhart nicht. Er wusste nur, dass es ein Geheimnis bleiben musste. «Junge, sag deiner Mutter nie, dass ich auf Pferde setze, das bleibt unter uns!» Große Gewinne konnte der Vater allerdings nicht gemacht haben. Sein Traum, einen eigenen Galopper zu besitzen, blieb jedenfalls zeitlebens unerfüllt.

Anders bei Eckhart. Nach dem Tod des Vaters ging er weiter regelmäßig zum Galopprennen. Auch er wettete, doch längst nicht so fanatisch wie sein Vater. Eckhart legte sein Geld lieber anders an: Er gründete mit drei Bekannten, die er von der Rennbahn her kannte, eine Besitzergemeinschaft. Für 100 000 DM wurde ein vielversprechender Galopper gekauft. Neben seinem 25 000-Mark-Anteil für die Anschaffung kamen noch 500 DM monatliche Unterhaltskosten hinzu. Diese Ausgaben behielt er, der Familientradition folgend, für sich. Sophie ahnte nichts.

Trotz dieser Investitionen geriet die Familie in keine finanzielle Klemme. Eckhart gehörte inzwischen zu den führenden Forschern des Konzerns und war bereits fünfmal für seine Arbeiten mit hohen Geldbeträgen prämiert worden. Er verdiente genug. Aber auch seine beruflichen Erfolgserlebnisse behielt er für sich. Schließlich konnte er auf diese Weise, ohne Rechenschaft ablegen zu müssen, die Sonderhonorare entsprechend transferieren.

Heraus kam alles, wie so oft, durch einen lächerlichen Zufall: Eine Lokalzeitung hatte eine neue Serie gestartet mit dem Titel «Die stillen Stars in unserer Stadt». In einer Folge wurde auch Eckhart als erfolgreicher Biochemiker vorgestellt – ohne sein Wissen, denn sein Chef wollte ihn damit überraschen. Natürlich hatte die einflussreiche Firma bei der Veröffentlichung Wert auf die Erwähnung der Extra-Prämien gelegt, die sie für besondere Leistungen an so tüchtige Mitarbeiter wie Eckhart ausschüttet.

Als Eckhart morgens mit Sophie frühstückte, griff seine Frau wie gewohnt zur Zeitung und erfuhr so manche Neuigkeit über den Herrn, der ihr im Bademantel gegenübersaß …

Die männliche Reaktion auf
weibliche Konkurrenz

Konkurrenzverhalten, das hat Mann bereits als Junge gelernt, gehört zum Berufsleben wie das Netz zum Tennis. Und so wird er sicher nicht kampflos den Schwanz einziehen, wenn ein Kollege ihn beruflich zu überholen droht. Doch wie sehr die Kampfhähne auch miteinander raufen mögen, es ist nicht ausgeschlossen, dass sie nach Feierabend gemeinsam ein Bierchen trinken oder zumindest darauf achten, dass ihr tagtäglicher Umgang miteinander noch von einem gewissen Respekt geprägt ist.

Anders sieht das jedoch aus, wenn die Konkurrenz weiblich ist. In diesem Fall kann sich ein im Grunde alltäglicher Positionskampf zum Drama auswachsen.

Womit wir wieder bei Freundin Moni sind, meiner Großhändlerin für exemplarische, lehrreiche und bisweilen durchaus unterhaltsame Erlebnisse mit dem anderen Geschlecht. Natürlich kann Moni auch für diesen Aspekt mit einem beispielhaften Mann aufwarten. Er heißt Georg und war ihr zweiter Ehemann.

Georg, ein gelernter Grafiker, hatte zuletzt als Kontakter in einer Werbeagentur gearbeitet. Nun wollte er eine Weinstube mit kleiner, aber feiner Gastronomie eröffnen, in einer Wein-Diaspora wie Hannover keine schlechte Geschäftsidee. Georg, als Koch nicht unbegabt, wollte in der Küche hantieren. Für den Service suchte er per Inserat «eine attraktive, charmante, fleißige, praktische, zupackende, redegewandte, intelligente, modebewusste junge Dame». Georgs Ansprüche lasen sich, als suche er eine Empfangsdame in einem Fünf-Sterne-Hotel, nicht eine Serviererin. Wie auch immer – er hatte Glück und fand Moni, die von ihrem bisherigen Job als Dekorateurin ebenfalls die Nase voll hatte.

Innerhalb kürzester Zeit war die Weinstube ein In-Treff und die Kundschaft exakt nach Georgs Geschmack: Journalisten, Werbeleute, Politiker, Künstler. Nichts gegen Georgs Weinangebot oder seine Kochkunst

– doch die Gäste kamen vorwiegend wegen Moni. Ich konnte mich oft genug davon überzeugen. Sie war Mittelpunkt und Seele des Lokals. Allein ihr Outfit: pechschwarzes, glatt zurückgekämmtes und hinten zusammengeknotetes Haar, weite, bunte Gewänder, ungewöhnlicher, aber stets geschmackvoller Modeschmuck. So wieselte sie von Tisch zu Tisch, immer charmant, immer witzig, immer präsent. Sie schmiss den Service ganz allein, während Georg dank der kleinen Speisenkarte oft am Tresen stehen und sich gemütlich mit seinen mal mehr, mal weniger prominenten Gästen unterhalten konnte.

Bald ließen Moni und Georg die Abende nicht mehr beim gemeinsamen Grappa in der Weinstube ausklingen, sondern in Georgs Wohnung um die Ecke, genauer gesagt, in seinem Schlafzimmer. «Warum auch nicht», meinte Moni, «wir kamen beruflich gut miteinander aus, und wir mochten uns.»

Doch dann ging alles viel schneller als erwartet. Die beiden heirateten, für beide das zweite Mal. Und sie lernten sich, wie das eben so ist, immer besser kennen. Ebenso lernten sie ihre Gäste immer besser kennen. Bald hatte jeder von ihnen seinen Fanclub. Einziger Unterschied: Monis Club umfasste zehnmal so viele Mitglieder beiderlei Geschlechts als Georgs. Was mich nicht weiter verwunderte. Denn Moni gab sich den Gästen gegenüber stets großherzig, Georg eher großmäulig. Und je besser der Laden lief, desto großspuriger wurden seine Sprüche. Moni, mit ihrem Gefühl fürs richtige Wort zur rechten Zeit, litt bald unter der Angeberei ihres Angetrauten. «Ich fragte mich zu dieser Zeit immer, weshalb mir diese unangenehme Art bei Georg nicht schon früher aufgefallen war, und beantwortete mir meine Frage mit der berühmten Liebe, die blind macht.»

Dann zündete Georg die nächste Stufe. Irgendwann begann er, Moni vor Gästen schlecht zu machen, vorzugsweise bei altgedienten Mitgliedern von Monis Fanclub: Seine Frau sei oft ziemlich schlampig; würde er, Georg, sie nicht permanent zur Sauberkeit anhalten, sähe es in der Weinstube aus wie in einer Rumpelkammer. Außerdem sei sie gar nicht so charmant und freundlich, wie sie immer tue; daheim würde sie ihre andere, die mürrische, unfreundliche Seite zeigen. Sogar über ihre Intelligenz äußerte er sich herablassend, indem er seinen Schulabschluss (Abitur) mit dem seiner Frau (Mittlere Reife) verglich.

Natürlich wurden Georgs Gemeinheiten Moni schon bald zugetragen. Als sie ihn deshalb zur Rede stellte, leugnete er, über sie hergezogen zu haben. Doch meine Freundin war inzwischen so weit, dass sie eher den ihr vertrauten Stammgästen glaubte.

Georgs verdeckte Attacken steigerten sich noch, nachdem einer der Gäste, der in der Werbebranche tätig war, im Beisein der beiden von einem Auftrag für eine große Restaurantkette sprach. Seine Agentur sollte ein Logo entwickeln. Sogleich pries Georg sein grafisches Können auf diesem Gebiet. Eine Woche später legte er dem Werbemann stolz seine Entwürfe vor. Der Fachmann indes zeigte sich nur mäßig begeistert. Georg schien es gelassen zu nehmen. Doch nun war Monis Ehrgeiz geweckt. Sie besaß ein großes künstlerisches Talent und hatte viele Ideen. Als sie ein paar Tage danach ihr Logo präsentierte, war der Werbemann hin und weg und das Sparschwein von Moni und Georg um ein paar tausend Mark voller.

Was das zwischenmenschliche Verhältnis der beiden angeht, so erwies sich die Logo-Aktion allerdings als äußerst kontraproduktiv. Fortan verstärkte Georg seine Intrigen. Er streute das Gerücht, Moni hätte ein Verhältnis mit Karl, dem Werbemann. Als Beweis führte er an, Karl habe Moni «ein paar beschissene Entwürfe für ein Logo abgekauft und dafür einen Batzen Geld hingeblättert». Damit war dann endlich selbst Monis schier unerschöpfliches Maß an Toleranz und Gutmütigkeit erschöpft.

Den Rest der Geschichte sollte meine Freundin selbst erzählen:

«Als mir klar wurde, dass Georg sich mir gegenüber total intrigant verhält, war ich zunächst völlig fertig. Wenn ich ihn darauf ansprach, stritt er zwar alles ab, doch ich wusste, dass er log. Meine Zeugen waren zuverlässige und unbestechliche Leute. Für mich stand fest, dass mein eigener Mann mich ständig linkte, aber ich wusste nicht, weshalb.

Da erinnerte ich mich, dass einer unserer Gäste ein angesehener Psychotherapeut mit eigener Praxis war. Ich vereinbarte einen Termin und erzählte ihm alles. Als ich fertig war, stellte er noch ein paar Fragen und *sagte schließlich, die Gründe für Georgs Verhalten ließen sich sehr leicht erklären: Mein Mann wäre rasend eifersüchtig auf mich. Er würde es mir neiden, dass ich bei den Gästen besser ankäme; dass sie mich ständig lobten, zum Beispiel wenn sie mich als Seele des Geschäfts bezeichneten; offenbar würde Georgs Selbstwertgefühl derart leiden, dass er seine eigene Frau als Konkurrentin am gemeinsamen Arbeitsplatz ansähe. Den Rest hätte ihm dann die Sache mit den Logo-Entwürfen gegeben: Ausgerechnet in seinem erlernten Beruf sei er von mir in die Schranken verwiesen worden. Der abschließende Rat des Therapeuten: «Reden Sie mit Ihrem Mann darüber!»*

Was Moni auch versuchte. Jedoch ohne Erfolg. Wenige Monate später trafen wir uns in Hamburg. Bei Kaffee und Kuchen und Caféhaus-Musik im Alsterpavillon sagte sie schlicht: «Georg hasst mich. Wir lassen uns scheiden!»

Wenn alle Männer auf Kolleginnen so reagierten wie Georg, dürfte es in den kommenden Jahren noch zu heftigen Schlachten am Arbeitsplatz kommen – mit Mobbing, Intrigen und Gemeinheiten aller Art. Denn schließlich ist es erst ein paar Jahre her, dass sich Frauen im beruflichen Wettbewerb mit Männern befinden. So darf es niemanden wundern, wenn Umfragen zufolge noch immer fast zwei Drittel der Männer eine Frau als Vorgesetzte ablehnen und immerhin zwölf Prozent keine Partnerin wollen, die intelligenter ist, eine bessere Ausbildung hat oder mehr verdient.

Es wird sicher noch längere Zeit dauern, bis Männer ihre Vorurteile und die Verteidigung jahrhundertealter männlicher Bastionen aufgeben. Ich kann ja verstehen, dass Mann ein altes Gemäuer, das über viele Generationen hinweg jeder Erneuerung widerstanden hat, nicht komplett abreißen und durch ein modernes Haus ersetzen lassen möchte. Doch es gibt sehr schöne Entwürfe, die Altes und Neues miteinander verbinden. Statt eines Geschlechterkampfes im Beruf wäre es sinnvoller, wenn Männer und Frauen die Arbeit gerechter verteilten – die Folge wäre weniger Stress für beide Seiten, beruflich wie privat.

4. Alle Menschen lügen – aber: Frauen lügen anders

Lügen ist menschlich – und heute fast selbstverständlich

Statistiken auf Basis von repräsentativen Umfragen sind ein zweischneidiges Schwert, man kann sie so oder so auslegen. Gewöhnlich werden nach bestimmten soziodemographischen Voraussetzungen circa 1000 Mitbürger ausgesucht, deren Antworten auf eine Frage man dann auf die Gesamtbevölkerung hochrechnet. Kein Wunder also, dass die Ergebnisse solcher Erhebungen umso fragwürdiger werden, je intimer die Fragen sind und ehrliche Antworten nicht unbedingt erwartet werden können.

Stellen Sie sich einmal vor, der Mitarbeiter eines Meinungsforschungsinstituts kommt zu Ihnen und sagt: «Wir machen gerade eine Umfrage zu dem Thema: Wie häufig machen Sie Ihrem Partner eigentlich eine kleine Freude? Sie würden uns sehr helfen, wenn Sie diese Frage beantworten könnten.» Ich bin mir sicher, dass die meisten Befragten bei ihren Antworten eher etwas über- als untertreiben würden. Viele werden kaum zugeben mögen, dass sie sich im Moment nicht daran erinnern können, wann überhaupt sie dem Partner zum letzten Mal eine Freude bereitet haben. Folglich ist anzunehmen, dass die Ergebnisse der Umfrage erstaunlich positiv ausfallen würden. In den Zeitungen könnten wir dann lesen, wie nett deutsche Paare miteinander umgehen, weil sie sich täglich mit kleinen Aufmerksamkeiten überraschen.

Nun stellen Sie sich vor, derselbe Interviewer würde Sie noch für eine andere Umfrage um eine Stellungnahme zu folgender Frage bitten: «Wir bearbeiten noch ein weiteres Thema. Wir möchten gerne herausfinden, wie oft jeder Mensch durchschnittlich pro Tag lügt. Es wäre schön, wenn Sie uns auch dazu eine Frage beantworten könnten. Was meinen Sie, wie viele Lügen produzieren Sie täglich im Schnitt?»

Glauben Sie nicht auch, dass die meisten bei ihren Antworten nun eher unter- als übertreiben? Wer würde schon gerne zugeben, dass er häufig die Unwahrheit sagt? Kein Wunder also, dass die Antworten zu diesem Thema äußerst unterschiedlich ausfallen, dass die Bandbreite von zwei bis zu hundert zugegebenen Schwindeleien pro Tag reicht. Die meisten von uns, gleich, ob Mann oder Frau, merken oft gar nicht, wenn sie etwas Unwahres von sich geben. Sie tun es automatisch, gewohnheitsmäßig und gedankenlos – viele aber auch bewusst, zielstrebig und raffiniert. Wenn Sie einmal Ihre Lügenfrequenz prüfen möchten, empfehle ich folgenden Lügentest über mehrere Tage: Immer dann, wenn Sie gerade versuchen, einen anderen zu täuschen oder anzulügen, lassen Sie in Ihrem Kopf einen imaginären Wecker klingeln und halten die Anzahl der Alarmsignale auf einer Strichliste fest. Sie werden überrascht sein, wie oft Sie zu Bleistift oder Kugelschreiber greifen müssen!

Verlässlicher, allerdings auch weniger spontan, ist der Test mit dem Lügendetektor. In den USA wird dieses Instrument vor Gericht, bei Bewerbungen und selbst bei der Überprüfung von Mitarbeitern eingesetzt. Doch hierzulande gilt dies als unvereinbar mit dem Schutz der Persönlichkeit und wird selbst bei Strafprozessen nicht als Beweismittel akzeptiert. Neuerdings nähert sich der Bundesgerichtshof allerdings der Rechtsauffassung, dass ein Lügendetektor bei Zustimmung des Verdächtigen zumindest zu dessen Entlastung herangezogen werden kann – beispielsweise wenn jemand des sexuellen Missbrauchs von Kindern beschuldigt wird. Dies geschieht nicht zuletzt deshalb, weil der Gesetzgeber aus gutem Grund den vermeintlichen Opfern einer solchen Straftat Befragungen durch Psychologen ersparen will, ohne den Verdächtigen die Chance der Verteidigung zu nehmen.

Ob geistreiche Ausreden, vorgetäuschte Orgasmen, fremde Federn, falsche Komplimente – ständig und überall haben wir es im Alltag mit Lug und Trug, List und Tücke zu tun. Dies zu bekämpfen wäre ebenso unsinnig, wie durch Aufstampfen mit dem Fuß die Erde aus der Bahn werfen zu wollen. Lügen ist so menschlich, menschlicher geht's nicht.

«Die Sprache wurde dem Menschen gegeben, damit er seine Gedanken verhüllen kann», vermutete in diesem Zusammenhang schon Napoleons gerissener Außenminister Charles Maurice de Talleyrand. Mark Twain war sich sicher, «dass mit jemandem, der notorisch die Wahrheit sagt, niemand leben könnte». Und er fügte schelmisch hinzu: «Aber zum Glück muss das ja auch niemand.»

Oft genug wird guten Gewissens gelogen. Hierfür ein harmloses Beispiel: Angenommen, Sie sind eingeladen, langweilen sich und verabschieden sich deshalb früher als geplant. Sagen Sie dem Gastgeber, Sie würden jetzt gehen, weil Sie wegen der anderen Gäste fast eingeschlafen wären? Oder bedanken Sie sich für einen schönen Abend und entschuldigen Ihren vorzeitigen Aufbruch mit einem frühen Geschäftstermin am anderen Morgen? Ein schlechtes Gewissen hätte wohl in diesem Fall eher derjenige, der die Wahrheit sagte.

Es gehört zum guten Ton, zumindest aber zum guten Zweck, anderen etwas vorzugaukeln. Catharina Lohmann erteilt in ihrem Buch *Frauen lügen anders* etliche hervorragende, wenngleich dirty Tipps, wie Frauen sich im Beruf gegenüber Männern durchsetzen können. Die Autorin ist nämlich der Meinung, dass Männer im Geschäftsleben wesentlich linker agierten als Frauen: «Wer dem beliebten Vorurteil huldigt, intrigante Machenschaften seien eine Frauendomäne, saß noch nie als ‹Mäuschen› an von Männern besetzten Stamm- oder Konferenztischen. Jenseits kleiner Verwandtschafts- und Bekanntschaftsfehden, dort, wo die scharfsinnige Variante der Lüge mit klingender Münze bezahlt wird … kämpft Frau mangels metiertauglicher Intrigenpraxis nach wie vor ehrlich auf verlorenem Posten.»

Lohmann glaubt, es seien altbewährte Manipulations- und Lügentechniken, «mit denen die Herren der Schöpfung ihre Konferenz- und Sitzungsschlachten gewinnen»: mies und fies, hinterhältig und hinterfotzig – aber leider oft wirkungsvoll. Übrigens kann man getrost davon ausgehen, dass Mann seiner Partnerin beim Abendessen sicher nicht von seinen Intrigen vorschwärmen wird. Wenn Mann schon von seiner Arbeit erzählt, dann nur unter Weglassen seiner schmutzigen Tricks.

Laut Catharina Lohmann ist es längst überfällig, dass sich nun auch Frauen mit List und Tücke in der Männerwelt behaupten. Auch ihre Kollegin Sybille Kremer beklagt in ihrem Buch *Dirty tricks – was tun?*, dass Frauen noch immer von dem Trugschluss ausgingen, im Berufsleben herrsche Gleichheit – und Leistung sei das Maß aller Dinge. Und so raten beide Autorinnen ihren weiblichen Lesern, im Job auf Gemeinheiten zurückzugreifen, die mir nicht einmal im Traum einfielen. Ich beschränke mich hier auf die Wiedergabe einer noch einigermaßen lustigen Variante, die Catharina Lohmann vorschlägt:

Frau sitzt, inmitten von Männern, am Konferenztisch. Geduldig wartet sie auf den richtigen Zeitpunkt ihrer Aktion, die dann am wirkungsvollsten gerät, wenn niemand sie erwartet. Es kommt auf das exakte Timing an, wenn Frau Erfolg haben will. Etwa, wenn unsere Protagonistin nach einer harmlosen Bemerkung eines ungefährlichen Kollegen plötzlich aus voller Kehle losbrüllt: «Halten Sie sich da raus!» Natürlich muss die Aggressorin dafür einige typisch männliche Urteile – zum Beispiel «unbefriedigte Zicke» oder «frustrierte Kuh» – in Kauf nehmen. Doch die Langzeitwirkung ihres Ausrasters wird sich auszahlen: Die männlichen Kollegen werden künftig ihre unkontrollierten Wutausbrüche fürchten und möglichen Reibungspunkten aus dem Weg gehen. Sie geben der Dame mit dem Dernier Cri schneller und vor allem ohne Widerrede nach. Was will Frau mehr?

«Schwachsinnige Weiber» – oder:
Was denkfaule Psychologen und
Philosophen von Frauen halten

Jahrhunderte-, wenn nicht jahrtausendelang galt das weibliche Geschlecht als das hinterlistigere und verlogenere. Erst nach dem ersten Drittel dieses Jahrhunderts hat sich diese – natürlich männlich geprägte – Einstellung geändert.

Noch im Jahr 1920 hielt sich auf dem Buchmarkt der 600-Seiten-Wälzer *Geschlecht und Charakter* des österreichischen Philosophen und Psychologen Otto Weininger hartnäckig als Bestseller – wahrscheinlich dank des hybrid-hysterischen Machowahns seiner Leser, den das Buch, gewollt oder ungewollt, befriedigte. Darin war unter anderem die Rede von der «organischen Verlogenheit des Weibes». Das Unvermögen der Frauen zur Wahrheit resultiere aus ihrem Mangel an freiem Willen zur Wahrheit. Und der Autor fuhr, ungelogen, wortwörtlich fort: «Wer mit Frauen Umgang hatte, der weiß, wie oft sie, unter dem momentanen Zwang auf eine Frage zu antworten, ganz beliebig falsche Gründe für das, was sie gesagt oder getan haben, aus dem Stegreif abgeben ... Es ist ganz unrichtig, wenn man sagt, dass die Weiber lügen. Das würde voraussetzen, dass sie auch manches Mal die Wahrheit sagen.»

Die Forschung hat Otto Weiningers frauenfeindliche Ausfälle mittlerweile insofern entschärft, wenn nicht gar erklärt, indem sie die persönliche Lebensgeschichte des Frauenverächters entschlüsselte: Tatsächlich fühlte sich Weininger wohl selbst als «Frau» und waren seine Tiraden auf das weibliche Geschlecht im Grunde nichts anderes als verzweifelte Versuche, mit seinem Selbsthass ins Reine zu kommen. Doch wie viele seiner männlichen Leser mögen sich wohl mit diesen Erklärungsversuchen beschäftigt haben? Vermutlich ein verschwindend geringer Prozentsatz!

Und welche Entschuldigungen können «Frauenkenner» wie der deutsche Psychologe P. J. Moebius für sich in Anspruch nehmen?

Dieser Wissenschaftler bemühte sich in seinem 1907 erschienenen Buch *Über den physiologischen Schwachsinn des Weibes* (O-Ton) um den Nachweis, «dass für das geistige Leben außerordentlich wichtige Gehirnteile, die Windungen des Stirn- und Schläfenlappens, beim Weibe schlechter entwickelt sind als beim Manne, und dass dieser Unterschied schon bei der Geburt besteht». Angesichts solch genetisch bedingter gravierender Defizite lag es für Moebius auf der Hand, dass «Heuchelei, also Lüge die naturgegebene und unentbehrliche Waffe des Weibes» sein müsse. Was soll Frau dazu sagen? Für mich ist das … pseudopsychologischer Schwachsinn allererster Güte.

Weininger und Moebius befinden sich freilich mit ihren Ansichten über Frauen in bester Gesellschaft. Schon Aristoteles war der Meinung, dass der Frau Schamgefühl und Selbstachtung fehlen, was ihn zu der Schlussfolgerung veranlasste, sie sei hinterlistiger und unehrlicher als der Mann. Und Arthur Schopenhauer, einer der bedeutendsten Denker des 19. Jahrhunderts, beleidigte mit folgenden Gedanken seine eigene Intelligenz: Als das schwächere Geschlecht seien Frauen von Natur aus nicht auf Kraft, sondern auf List angewiesen, woraus «ihre instinktartige Verschlagenheit und ihr unvertilgbarer Hang zum Lügen» herrührten. «Denn wie den Löwen mit Klauen und Gebiss … so hat die Natur das Weib mit Verstellungskunst ausgerüstet, zu seinem Schutz und Wehr, und hat alle die Kraft, die sie dem Manne als körperliche Stärke und Vernunft verlieh, dem Weibe in Gestalt jener Gabe zugewendet. Die Verstellung ist ihm daher angeboren … Aus dem aufgestellten Grundfehler und seinen Beigaben entspringt aber Falschheit, Treulosigkeit, Verrat, Undank usw.»

Und bei Schopenhauers berühmtem Schüler Friedrich Nietzsche lesen wir: «Was liegt dem Weibe an Wahrheit! Nichts ist von Anbeginn dem Weibe fremder, widriger, feindlicher als Wahrheit – seine große Kunst ist die Lüge, seine höchste Angelegenheit ist der Schein und die Schönheit.» Und die Männer? Sie sagen natürlich immer die Wahrheit. Im Jahr 1997 befragte die italienische Psychologin Gianna Schelotto viertausend Italiener nach ihren Gewohnheiten beim Lügen. Die Ergebnisse, so die Wissenschaftlerin in einem Interview, ließen sich auch auf die deutschen Männer übertragen. Die meisten antworteten – und das ist tatsächlich nichts als die reine Wahrheit –, sie würden niemals lügen.

Vermutlich hätte Signora Schelotto den Befragten vorher klarmachen sollen, dass es bei dieser Umfrage nicht darum ginge, wer am besten lügen könne. Doch eine Wahrheit offenbart diese Umfrage in der Tat: Männer schätzen sich tatsächlich als die ehrlicheren Zeitgenossen ein.

Entsprechende Befragungen bei Frauen fallen, wen wundert es, anders aus. Wie wahrheitsliebend sie wirklich sind, lässt sich natürlich nicht belegen. Doch allein schon dadurch, dass Frauen Lügen eher eingestehen, zeigen sie sich erheblich ehrlicher als Männer.

Der Ehrliche ist der Dumme – oder: Von der gesellschaftlichen Bereitschaft, Lügen zu akzeptieren

Am Ausgang des zweiten Jahrtausends, so scheint es, sind Lügen und Täuschungsmanöver so hoffähig, selbstverständlich und akzeptabel geworden wie nie zuvor in der Geschichte der Menschheit. Jedermann und jedefrau kann in den Medien live miterleben, dass Betrug sich auszahlt, ob in der Politik oder im Sport. Wer sich im Fernsehen öffentlich als Lügner outet, wird vielfach nicht mehr als Betrüger geächtet, sondern als Schlitzohr geachtet.

Zum Ende der Bundesligasaison 1997/98 ging es bei der Begegnung Schalke 04 gegen den 1. FC Köln für die Gäste um den Klassenerhalt. Ein Sieg hätte sie gerettet. Wenige Minuten vor Schluss, beim Stande von 0:0, verhinderte der Schalker Spieler Oliver Held den Kölner Siegestreffer durch ein klares Handspiel, das der Schiedsrichter übersah. Aufgrund der Kölner Proteste ging der Unparteiische zu dem Schalker und fragte ihn, ob er seine Hand im Spiel hatte. Der Kicker verneinte, der Elfmeter blieb aus; im Gegenzug schoss Schalke das 1:0 – und Köln stieg aus der Bundesliga ab. Obwohl er wusste, dass die Fernsehkameras sein Handspiel eindeutig nachweisen konnten, log Held den Unparteiischen an. «Ich konnte davon ausgehen», begründete er später sein Verhalten, «dass viele für diese Lüge Verständnis aufbringen würden.» Erstaunlicherweise akzeptierten selbst die meisten Kölner Spieler diese für sie folgenschwere, existenzbedrohende Lüge.

Was schließen wir daraus? Wer heutzutage die Unwahrheit sagt, kann ziemlich sicher sein, dass sein Ruf keinen großen Schaden nimmt. Nicht zuletzt unsere Vertreter, die Politiker, haben in langer zäher Öffentlichkeitsarbeit eine Lügentoleranzschwelle errichtet, die Volkes Unmut ob des laxen Umgangs mit der Wahrheit auf einem Minimum hält. Lügen gelten als ebenso lässliches wie verlässliches Laster. Im Einklang damit definieren mehr und mehr Lügenforscher Unwahrheiten und Täuschungen nicht mehr als Belege für einen schlechten Charakter des jeweiligen Lügners – und selbst Ethiker plädieren inzwischen dafür, der Lüge den prinzipiell negativen Nimbus zu nehmen.

Aber es kommt noch besser: Anderen etwas vorzutäuschen und dabei immer gerissener vorzugehen halten Evolutionsbiologen mittlerweile sogar für die treibende Kraft bei der stammesgeschichtlichen Entwicklung der Intelligenz des Homo sapiens und der Vergrößerung seines Gehirns im Verlauf von Jahrmillionen. Beschäftigten sich in der Vergangenheit gerade mal Theologen, Philosophen oder Psychiater intensiver mit dem Verborgenen und Vorgetäuschten, so ist dies mittlerweile auch ein beliebtes Thema von Soziologen, Psychologen, Pädagogen und Verhaltensforschern. Und viele von ihnen sehen das Talent zum Lügen nicht länger nur als negative Eigenschaft an, sondern als Charakteristikum für Intelligenz.

Gezielte arglistige Täuschung gehört tatsächlich seit jeher zum Überlebensrüstzeug unserer engsten Verwandten im Tierreich, der Affen. Dies ergaben Untersuchungen der beiden Evolutionspsychologen Andrew Whiten und Richard Byrne von der schottischen Universität in St. Andrews. Bei der Beobachtung einer südafrikanischen Affenherde fiel ihnen ein junges Tier auf, das sich besonders gerissen zeigte, wenn es darum ging, sich Vorteile zu verschaffen. Hatte ein erwachsener Affe eine Delikatesse ergattert, suchte der Kleine die Nähe des Glückspilzes und begann wehleidig zu brüllen. Im Nu tauchte die Mutter auf und verjagte den vermeintlichen Kinderquäler. Jetzt konnte sich der kleine Schauspielkünstler ungestört über die Köstlichkeit hermachen.

Um ihre Arbeiten auf eine breitere Basis stützen zu können, wandten sich Whiten und Byrne an renommierte Primatologen in aller Welt und baten um weitere Beispiele für bewusste Lügenmanöver von Affen. Und sie erfuhren eine Fülle kurioser Fälle von Heimtücke, Hinterlist und Heimlichkeiten bei Schimpansen, Gorillas, Pavianen und Konaffen. Weitere Beispiele gefällig?

Ein Gorilla geht mit einer Gruppe Gleichgesinnter auf Nahrungssuche und erspäht als Einziger in einer Baumkrone eine schmackhafte Mistel. Um den Happen nicht teilen zu müssen, lässt er sich ins Gras sinken und mimt den Erschöpften. Den anderen signalisiert er damit: Zieht schon mal weiter, ich ruhe mich einen Moment aus und komme später nach. Kaum sind die potentiellen Mitesser verschwunden, klettert unser Mime putzmunter und gut gelaunt auf den Baum, greift sich die Mistel und verspeist sie mit großem Appetit.

Noch gerissener agiert die Bonobo-Frau Matata. Als sie zu ihrer alten Gruppe zurückkehrt, hat die zuvor rangniedere Lorel inzwischen Matatas Führungsrolle eingenommen. Eines Tages sind die beiden Damen unter sich. In ihrer Nähe spielt das Kind einer weiteren ranghohen Bonobo-Frau. Blitzschnell schnappt Matata ein

Bein des Äffchens und zerrt kurz und heftig daran. Das Geschrei des Kleinen ruft die ganze Gruppe mitsamt der aufgebrachten Mutter auf den Plan. In diesem Augenblick schaut Matata mit empörtem Blick auf Lorel und schreit laut und anklagend. Sofort wirft sich die Mutter des gepieskaten Kindes auf die unschuldige Lorel – und Matata übernimmt wieder ihre alte Position.

Kann man daraus also schließen, dass Lug und Trug zur genetischen Grundausstattung des Homo sapiens gehören? Die Erkenntnisse von Wissenschaftlern, die sich mit diesen Fragenkomplexen beschäftigen, legen solche Folgerungen jedenfalls nahe. Doch Vorsicht, Mann: Damit ist noch lange nicht gesagt, dass Lügenverhalten genetisch bedingt und somit in jeder Hinsicht entschuldbar ist. Denn zum einen ist der Mensch – und auch darin stimmen die meisten Wissenschaftszweige überein – wie kein zweites Wesen in der Schöpfung fähig, seine natürlichen Bestimmungen zu kontrollieren und zu verfeinern. Und zweitens werden wir noch sehen, dass sich die Lügen von Männern und Frauen oft erheblich voneinander unterscheiden. Lässt sich auch das mit dem Hinweis auf ein allen Menschen gemeinsames Erbgut erklären?

Wenn Männer ihre eigenen Lügen glauben

Regina ist Steuerberaterin in Hamburg. Freunde und Bekannte bezeichnen sie als kluge und aufgeweckte Frau. In der Tat – nur nicht bei ihrem Peter. Zwölfeinhalb Jahre war sie mit diesem Mann verheiratet, der sie so oft täuschte, dass sie später zu dem deprimierenden Schluss kam: «Von allen Sätzen, die Peter im Laufe der Jahre von sich gab, haben höchstens fünf Prozent gestimmt. Der Rest war gelogen.»

Reginas Geschichte erzählt von einem Mann, der in einer eigenen Lügenwelt lebte. Er glaubte, was er log. «Ich bin mir ganz sicher», sagt Regina heute, einige Jahre nach der Scheidung, «dass er mich nicht anlügen wollte. Er glaubte seinen Erzählungen selbst. Gab es unschöne Dinge, verdrehte er die Wahrheit so lange, bis sie wieder schmeckte. Es hat lange gedauert, bis ich merkte, dass mein Mann keinerlei Bezug zur Realität hatte. Er verheimlichte mir sein wahres Ich und täuschte mir stattdessen sein Traum-Ich vor. Wenn ich mir überlege, wie sehr ich mich hinters Licht führen ließ – ich fasse es nicht.»

Peter war stets fröhlich und guter Dinge, hatte Sinn für Unsinn. Er war hilfsbereit, machte einen wohlerzogenen Eindruck und konnte überzeugend sprechen. «Viele haben mich um diesen Mann beneidet. Auch nach sieben, acht Ehejahren bekam ich noch solche Komplimente», erinnert sich Regina, «aber da lag mir schon oft der Satz auf der Zunge: ‹Dann nehmt ihn mit, ich schenk ihn euch!›»

Als Regina Peter kennen lernte, sagte er, er sei Kaufmann mit abgeschlossener Berufsausbildung und würde als Handelsreisender arbeiten. «Weil er dabei nicht so viel verdiente, wie er sich vorstellte, durchforstete ich mit ihm die Tageszeitung und half ihm bei einigen Bewerbungsschreiben. Dabei sah ich zum ersten Mal seine Unterlagen. Aus ihnen ging hervor, dass er überhaupt keinen Abschluss hatte. Er hatte viele Lehren angefangen, aber keine einzige beendet. Das war der erste Schock.»

Wie immer redete Peter alles schön. Und Regina ließ sich ein ums andere Mal täuschen. «Einmal machte ich, auf seine Bitte hin, seine Ablage. Dabei fand ich einen ganzen Packen ungeöffneter Briefe. Es waren Gläubigerforderungen, Gerichtsbescheide, Gehaltspfändungen und so weiter. Allesamt gerechtfertigt. Es kostete mich große Mühe, wenigstens den größten Schaden abzuwenden und die Gläubiger zu Ratenzahlungen zu überreden. Peter regte sich furchtbar auf – über die Unverschämtheit, dass Wildfremde an sein Gehalt gegangen waren.»

Doch da er ein fröhlicher Mensch war, hielt sein Unmut nie lange an. Zu besonders großer Form lief er im Freundeskreis auf. Als beim Lieblingsthema Auto mal einer der Gäste den Verbrauch seines Golf Diesel mit fünfeinhalb Litern angab, zog Peter gleich, indem er behauptete, sei-

ner schlucke auch nur fünfeinhalb Liter. Dass er dabei in ungläubige Gesichter schaute, feuerte ihn nur noch mehr an. Er bestand darauf, dass man ihm glaubte. Peter war sich klar darüber, dass jeder wusste, was für einen Wagen er fuhr: einen BMW 520.

«Waren wir in Gesellschaft, hörte ich immer mit einem Ohr zu, was Peter wem gerade vormachte, um notfalls eingreifen zu können», berichtet Regina. «Ich konnte mich kaum auf meine eigenen Gespräche konzentrieren. Wenn er wieder mal das Blaue vom Himmel log, fühlte ich mich verpflichtet, ihn auf den Boden zurückzuholen und seine Märchen zu interpretieren und zu relativieren. Sicherlich habe ich ihn mit meiner Verhaltensweise auf Dauer unmöglich gemacht. Aber indem ich mich von seinen Darstellungen distanzierte, wollte ich wenigstens mein eigenes Ansehen retten. Viel später erst begriff ich, dass ich ihn mit meinen Ansprüchen überforderte.»

Und schon ist es wieder da, das schlechte Gewissen der Frauen. Ich meine, dass Regina kaum eine Chance hatte, Peter den Lügner zu ändern. Das hätten andere lange vor ihr tun müssen, allen voran seine Eltern. Als Regina ihn kennen und lieben lernte, war längst Hopfen und Malz verloren; Peter hatte sich in seiner Lügenwelt häuslich eingerichtet und war durch nichts mehr in die Realität zurückzuholen.

Obwohl es auf der Hand lag, dass die Wahrheit unvermeidlich ans Licht kommen würde, erzählte Peter seiner Regina von dem herrlichen Eigenheim seiner Schwester auf dem Land. Tatsächlich handelte es sich um eine Gartenlaube in einer Hamburger Kleingartensiedlung. Gemeinsamen Bekannten pries sich Peter als gelernter Swimmingpool-Bauer an. Drei Tage schuftete er Tag und Nacht. Gleich nach seiner Abreise brach eine Wand heraus, die Wasserfluten stürzten den Hang hinunter und verwandelten den riesigen Garten in eine Moorlandschaft.

Peter konnte alles, wusste alles, tat alles – ein Mensch mit scheinbar ungebrochenem Selbstvertrauen. «Immer wieder verlangte er von mir, ich solle doch aufhören zu arbeiten, er würde ja genug verdienen», erzählt Regina weiter. «In Wahrheit bestritten wir unseren Lebensunterhalt überwiegend mit den Einkünften meines Steuerbüros. Eines Tages rief jemand bei mir an und bat mich, meinem Mann auszurichten, dass er dringend seine Geschäftsbücher zurückhaben möchte. Nach einigen Rückfragen erfuhr ich den Hintergrund dieser seltsamen Anfrage: Peter hatte sich auf einer seiner Touren als Steuerberater ausgegeben, die Geschäftsbücher des Anrufers mitgenommen und versprochen, er würde die Dinge bearbeiten. Als ich meinen Mann darauf ansprach, sagte er nur fröhlich, der andere hätte das missverstanden, natürlich wäre der Job für mich gedacht gewesen.

Ein andermal stürzte Peter triumphierend in mein Büro, das sich in unserem Haus befand, und verkündete freudestrahlend, dass uns viel, viel Geld winken würde. Abends beim Essen plante er schon den Bau einer Ferienresidenz auf Mallorca. Als ich mich drei Wochen später erkundigte, was denn aus seinem Riesendeal geworden sei, antwortete Peter wegwerfend, das sei doch nur eine Preisanfrage gewesen.»

Als sich die beiden trennten, übernahm Regina noch einige Schulden des Ex-Gatten. Und sie sagt heute: «Mir ist immer noch unklar, wie ich so lange mit einem notorischen Lügner zusammenleben konnte.»

Wenn Frauen lieber Lügen hören

Peters Geschichte ist ein ziemlich krasses Beispiel dafür, wie tief ein Lügner in seinem eigenen Lügensumpf versinken kann, wenn ihm nicht früh genug Einhalt geboten wird. Mit der Behauptung, ein BMW 520 würde nur fünfeinhalb Liter Benzin auf 100 km verbrauchen, kann Mann sich nur lächerlich machen. Da ist selbst die Wahrscheinlichkeit der phantastischen Geschichten des Baron Münchhausen noch größer. Aber laut Regina bestand ihr Peter darauf, dass man ihm glaubte. Sein Realitätsverlust war bereits so weit fortgeschritten, dass er die Peinlichkeit der fraglichen Situation vermutlich gar nicht mehr sah.

Wie aber konnte es so weit kommen? Ich stelle mir Peter als einen kleinen Jungen vor, der eine Märchenwelt erfindet und für seine Geschichten zunächst gelobt wird. Doch was bei Kindern putzig wirkt und Beweis für eine lebhafte Phantasie ist, wird ab einem gewissen Alter zum Problem. Wer einem Vierzehnjährigen noch Lügengeschichten abnimmt, die offensichtlich als solche zu erkennen sind, bestärkt ihn darin, immer noch einen draufzusetzen. Irgendwann ist dann der Punkt erreicht, an dem der Lügner gar nicht mehr anders kann: Daran gewöhnt, dass ihm alles, was er erzählt, ungefragt abgenommen wird, verliert er schließlich den Maßstab dafür, wo und wann die Grenze zur Lächerlichkeit überschritten ist.

In gewisser Weise sind also die Opfer eines Lügners nicht ganz unschuldig an ihrer Situation. Das gilt noch in einer anderen Hinsicht: In einer Zweierbeziehung ist es oft so, dass Frauen ihrem lügenden, betrügenden Partner lieber seine Lügen glauben, als nach der Wahrheit zu forschen. Und manchmal gehen sie sogar so weit, eine Wahrheit, an der sie eigentlich nicht mehr vorbeisehen können, einfach zu verdrängen. Ein Beispiel hierfür ist die Geschichte von Cordula und Rüdiger.

Cordula und Rüdiger sind seit zwanzig Jahren zusammen. Sie lernten sich während ihrer Studienzeit in Heidelberg auf einer Unifete kennen und begannen sofort heftig zu flirten. Aus dem Flirt wurde mehr, und schon bald traten die beiden in den Studentenkneipen als Paar auf. Doch es dauerte nicht lange, bis Cordula von verschiedenen Seiten hörte, dass Rüdiger nicht nur als Fußballer der Unimannschaft einen großen Ruf genoss, sondern auch als Casanova, der selten etwas anbrennen ließ. Cordula behagte das natürlich wenig, zugleich aber erlag sie dem Charme, der vielen Frauenhelden nun einmal zu eigen ist.

Rüdiger seinerseits schien sich tatsächlich von seinem umherschweifenden Leben zu verabschieden und die ihm bislang unbekannte Qualität einer dauerhaften Partnerschaft zu entdecken.

Kurz nach Cordulas Lehrerexamen heirateten die beiden. Die Hoch-

zeit wurde mit hundert Gästen in einem exquisiten Landgasthof gefeiert und ging als «schönster Tag des Lebens» in das Familienalbum ein. Aus den anschließenden Flitterwochen in der Karibik kehrte Cordula schwanger heim – durchaus erwünscht, denn im Grunde war es ihr Lebenswunsch, Mutter einer fröhlichen Kinderschar zu sein und für ein ebenso gemütliches wie gastfreundliches Heim zu sorgen. Zudem verdiente Rüdiger als angehender Rechtsanwalt, der in wenigen Jahren die Kanzlei seines Vaters übernehmen würde, genug Geld.

Als das dritte Kind geboren wurde, hatte die Familie bereits eine stattliche Villa aus der Gründerzeit in einem Nobelviertel von Stuttgart bezogen. Die Kinder waren wohlgeraten, das Paar Cordula und Rüdiger nahm oft am gesellschaftlichen Leben der Stadt teil, man lud gerne Freunde und Bekannte ins eigene Heim ein, wo beide als perfekte Gastgeber so manchen unterhaltsamen Abend ausrichteten. Natürlich entging es Cordula nicht, dass Rüdiger des Öfteren mit Frauen flirtete. Doch seinen Erfolg beim weiblichen Geschlecht betrachtete sie sozusagen als Aufwertung des Mannes an ihrer Seite.

Cordula war rundherum glücklich mit ihrer Bilderbuchfamilie. Auch der Ehemann gab keinen Anlass zur Klage, gehörte er doch sogar zu jener seltenen Sorte, die ihre Gattin immer wieder mit kleinen Aufmerksamkeiten wie Blumen oder einem Schmuckstück bedachte.

Bis Cordula eines Tages in der Stadt, wo sie ein paar Besorgungen zu erledigen hatte, hinter den Scheiben eines Cafés Rüdiger sitzen sah – in Begleitung einer jungen Blondine, der er soeben zärtlich über die Wange strich. Cordula ergriff sofort die Flucht und lief stundenlang ziellos durch die Straßen. Der Schock saß tief, und als sie endlich wieder einen klaren Gedanken fassen konnte, fiel ihr der einstige Ruf ihres Gatten ein. Offenbar war der Casanova in Rüdiger wieder zum Leben erwacht …

Als Rüdiger am Abend nach Hause kam, nahm er seine Frau wie immer in die Arme und küsste sie. Cordula fiel es nicht leicht, die glückliche Ehefrau zu mimen, doch gleichzeitig brachte sie nicht den Mut auf, ihren Mann auf das heimliche Tête-à-tête anzusprechen. Als die ganze Familie beim Abendessen saß und alle außer ihr über die Schulgeschichten der Kinder lachten, wünschte sich Cordula nur noch, dass ihre schmerzhafte Entdeckung am Nachmittag nichts als ein böser Traum gewesen sei.

Und so verdrängte sie das Geschehene, um das Wertvollste, was sie hatte, nicht zu gefährden: ihr trautes Familienleben.

Leider vergingen nur drei Wochen, bis Cordula ihren Mann erneut auf Abwegen ertappte – diesmal in einer Situation, wo Wegsehen unmöglich war: Sie lief Rüdiger in der Fußgängerzone regelrecht in die Arme – oder auch nicht, denn diesen Platz hatte bereits eine attraktive Frau, diesmal brünett, eingenommen.

Rüdiger war die Situation verständlicherweise höchst unangenehm. Am Abend folgte die unausweichliche Aussprache, in deren Verlauf er zugab, den Reizen anderer Frauen einfach nicht widerstehen zu können. Er wäre nun einmal so, auch wenn er es sich anders wünschen würde. Natürlich beteuerte er Cordula auch, dass er sie liebe wie niemanden sonst auf der Welt und dass er nie ohne sie leben könnte.

Cordula war zutiefst verletzt, und doch gelang es ihr nicht, dem «treu» blickenden Rüdiger wenigstens eine verbale Ohrfeige zu verpassen. Es schien ihr, als würde damit ihre ganze stilvoll eingerichtete Villa samt dem idyllischen Familienleben wie ein Kartenhaus in sich zusammenfallen.

Rüdiger seinerseits empfand regelrecht Erleichterung darüber, dass er sich seiner Frau offenbart hatte. Cordulas Reaktion deutete er als jene Toleranz, ohne die ein so langjähriges Paar wie sie doch gar nicht bestehen könnte. Und so traf er sich immer wieder mit anderen Frauen. Mit Rücksicht auf Cordula, die er nicht unnötig kränken wollte, verpackte er diese Treffen allerdings in Geschäftsessen und Termine außerhalb der Stadt.

Cordula durchschaute natürlich seine Ausreden und Lügen, doch da Rüdiger immer wieder zu ihr zurückkehrte und als Familienvater keinen Grund zur Klage gab, arrangierte sie sich im Laufe der Zeit mit dem unverbesserlichen Casanova an ihrer Seite.

So vergingen weitere sieben Jahre, bis auch das jüngste Kind das Haus verlassen hatte, um in Hamburg zu studieren. Und es dauerte nicht lange, bis die Bombe platzte: Eines Abends eröffnete Rüdiger seiner Gattin, *dass er eine Frau kennen gelernt habe, mit der er – schließlich lebe man nur einmal – eine neue Existenz gründen wolle. Während der vielen gemeinsamen Ehejahre sei ihm irgendwie die Liebe abhanden gekommen, aber auch sie sei doch noch jung und attraktiv genug, um noch einmal etwas Neues anzufangen. Und keine Frage, natürlich würde er sie und die Kinder immer finanziell unterstützen – das wäre doch das Mindeste, sagte er, zur Beruhigung seines schlechten Gewissens.*

Und für Cordula begann die schmerzhafte und mühsame Zeit, einen Scherbenhaufen zusammenzufegen, der einmal ihr ganzes Leben bedeutet hatte.

Dory Hollander interviewte für ihr Buch *Die Lügen der Männer* zahlreiche betrogene Frauen zu diesem Thema und kam dabei zu einem erschütternden Fazit: «Viele waren bereit wegzusehen, seine Unaufrichtigkeit zu entschuldigen und mit seinen Lügen zu leben. Viele flehten letztlich sogar den Lügner, den sie nicht mehr halten konnten, an, doch bitte bei ihnen zu bleiben. Sie waren zu jeder Selbstverleugnung bereit, um die Beziehung zu retten, die sie zu Recht oder zu Unrecht zum Zentrum ihres Selbstwertgefühls gemacht hatten. Manche verlagerten ihren Zorn auf die Rivalin und brachten es nicht fertig, den Lügner zur Rede zu stellen oder – selbst nach dem Ende der Beziehung – ihre wirkliche Wut und Verletztheit zu zeigen. Einige Frauen suchten weiterhin nach Rechtfertigungsgründen für ihren ehemaligen Partner, sagten, dass er es nicht so gemeint hätte, dass seine Treuebrüche nur ein Impuls, eine zeitweilige Verirrung waren, dass er getrunken hätte, dass er doch ein guter Mensch sei ...»

Ähnlich ging es auch mir beim zweiten Anlauf mit Jo. Wie hatte er mir doch nach seinem Seitensprung immer und immer wieder versichert: Das mit Ann habe ihm nichts bedeutet, die andere hätte nie eine Chance gegen mich gehabt, alles würde wieder gut und so weiter. Ich gab meinem Mann und mir eine zweite Chance, weil ich seinen Worten, die sich bald darauf als Lügen entpuppten, glauben wollte. Dass er überhaupt fremdgegangen war, war für mich schon schlimm genug, auf eine Steigerung konnte ich getrost verzichten. Deshalb bemühte ich mich in der Zeit danach, Vertrauen wiederzugewinnen. Ich vertraute meinem Mann auch deshalb ein zweites Mal, weil ich ihm vertrauen musste. Liebe und Nähe sollten schließlich auf Vertrauen aufgebaut sein. Während dieses zweiten Anlaufs wehrte sich mein Innerstes, Jo's Taten und Worte stets misstrauisch zu hinterfragen. Ich wollte, dass wir unsere zweite Chance nutzten, und da hätten Zweifel an seiner Aufrichtigkeit nur gestört.

Mit dieser Einstellung befinde ich mich in Gesellschaft unzähliger Frauen. Vielleicht verbindet uns alle irgendwo die Sehnsucht nach einer heilen Welt, die Suche nach ewiger Liebe, die Hoffnung auf ein endgültiges Happy-End. Vielleicht ist diese Suche auch nur Traum oder Illusion. Aber auch dann wäre sie für mich lebensnotwendig. Und es scheint, als würden diesem Phänomen mehr Frauen als Männer intensivst auf der Spur sein. Männer suchen mit dem gleichen Aufwand eher nach der Bundeslade mit Gottes Geboten, wie Harrison Ford in dem Spielberg-Film *Jäger des verlorenen Schatzes,* nach dem Schneemenschen Yeti, wie Himalaya-Himmelsstürmer Reinhold Messner, oder nach den Ursachen für das deutsche Desaster bei der letzten Weltmeisterschaft, wie Millionen Fußballfans.

Weshalb das so ist, hat wieder einmal Männerforscher Walter Hollstein zu ergründen versucht. Eigentlich kein Frauengegner, kommt Hollstein zu dem Schluss: Schuld sind, wie sollte es anders sein, die Frauen selber. Mütter machten den Fehler, ihre Söhne von einem bestimmten Alter an plötzlich zum Mann erziehen zu wollen. Dadurch würde das Mutter-Sohn-Verhältnis einen Knacks erhalten: «Die allseits Umsorgende und Liebende wird zur Fordernden und verlangt zudem noch Eigenschaften wie Härte, Konkurrenzverhalten und Distanz, die sie ihrem Sohn gegenüber doch niemals gezeigt hat … Diese mütterliche Widersprüchlichkeit wirkt für jeden Sohn nachgerade traumatisch. Der Junge verübelt dieses double-bind denn auch seiner Mutter lebenslang, und nicht nur das: Er projiziert es unbewusst auf alle Frauen, mit denen er als Mann zu tun hat.»

Fazit: Die Suche nach heiler Welt und ewiger Liebe ist nicht Männer-, sondern Frauensache, weil Mütter ihren Söhnen genau das vermitteln. Damit schließt sich ein Kreis, aus dem es oft kein Entrinnen gibt.

Folgte Frau der Logik Hollsteins, wäre die Lösung relativ simpel: Mütter verlassen bei der Erziehung ihrer Söhne eingefahrene Gleise und stellen Weichen um. Weshalb sollte es beispielsweise nicht möglich sein, einen kleinen Sohn zu einem jungen Mann zu erziehen, der mit Mannsein nicht an allererster Stelle Eigenschaften wie Härte, Distanz oder Konkurrenzverhalten verbindet? Aber das ist ein Kapitel für sich …

Frauen lügen anders

Bei solch traditionsreicher und kultivierter Schubladen-Pflege ist es für mich nicht verwunderlich, dass Mann und Frau in Bezug auf ihre Fähigkeiten und Auffassungen so unterschiedlich geraten sind. Wem man lange genug einbläut, welche Eigenschaften er/sie hat, der/die verinnerlicht dies irgendwann so sehr, dass er/sie selber zum gewissenhaften Multiplikator – oder deftiger: zum Wiederkäuer – wird. Männer werden dazu erzogen, das Rationale über das Emotionale zu stellen – bei Frauen ist es umgekehrt. Männern wird gelehrt, aktive Kontrolle in bestimmten Situationen sei wichtiger als sinnliche Wahrnehmungsfähigkeit – Frauen bekommen das Gegenteil zu hören. Männer werden dazu angehalten, Verhandlungen eher erfolgs- als verständnisorientiert zu führen – bei Frauen sieht es genau andersherum aus.

Ich will nicht so weit gehen wie manche Forscher, die zu der Auffassung gelangen, Männer und Frauen würden gar in unterschiedlichen Welten leben. Doch oft genug kommt es mir so vor, als müsste man, um Missverständnisse zu vermeiden, so manche Kommunikation zwischen den Geschlechtern regelrecht übersetzen. Dabei sind viele Unterschiede, wie im vorangegangenen Kapitel beschrieben, nicht unbedingt biologisch bedingt, sondern durchaus hausgemacht.

Auch die Reaktionen auf Lügen sind bei den Geschlechtern sehr unterschiedlich. Lügenforscher haben herausgefunden, dass für viele Frauen die Lüge einen schweren Vertrauensbruch darstellt. Aus weiblicher Sicht ist dies eine konsequente Haltung: Wer eine funktionierende Kommunikation so wichtig nimmt wie die Mehrzahl der Frauen, der nimmt offenkundige Kommunikationsstörungen eben nicht auf die leichte Schulter. Weniger Probleme haben damit, wie nicht nur ich finde, die Männer. Sehr viele sehen die Lüge als ein Werkzeug, um ein bestimmtes Ziel zu erreichen.

Dory Hollander zitiert in diesem Zusammenhang einen vierundvierzigjährigen, geschiedenen Ingenieur: «Ich lüge Frauen an, um die Interaktion eine Weile aufrechtzuerhalten und zu sehen, ob sich etwas ergibt. Unterlassungssünden geben einem die Möglichkeit, eine Interaktion nicht mit brutaler Ehrlichkeit beginnen zu müssen. Wer will einer Frau nach der ersten liebevollen Begrüßung gleich empfehlen, einen anderen Friseur aufzusuchen? Lügen dienen dazu, den Gewinn zu maximieren.» Männer-Lügen sind also Geschäftsziele, selbst im Privatbereich.

Andere Umfragen kommen zu ähnlichen Ergebnissen: Männer setzen ihre Lügen mit kühlem Pragmatismus ein. Unwahrheiten, vor allem Frauen gegenüber, kommen ihnen wie selbstverständlich über die Lippen. Von ihrer inneren Einstellung her macht es für solche Männer keinen Unterschied, ob sie nun einer Frau am PC die Bedienung einer neuen Software erklären oder ihr vorschwindeln, ihre Ehefrau sei mit einem anderen durchgebrannt und nun säßen sie abends depressiv und einsam vor dem Fernseher. Wären sie an einen Lügendetektor angeschlossen, würde ihre Atem- und Pulsfrequenz bei dieser Art von Lügen wahrscheinlich noch nicht einmal verräterische Ausschläge anzeigen, so vertraut sind ihnen Unwahrheiten dieser Art.

Nun sind wir Frauen keineswegs im Besitz der alleinigen Wahrheit, auch nicht, wenn es um Liebe und Treue geht. Der französische Philosophieprofessor Maurice T. Maschino, der das Thema Untreue auf Herz und Lügen geprüft hat, schreibt zu den Unterschieden zwischen Frauen- und Männerlügen in einer Partnerschaft: «Frauen lügen reifer, subtiler, netter. Wenn Frauen lügen, schützen sie in der Regel ihre Freiheit und gleichzeitig ihre Partnerschaft. Wenn Männer lügen, benehmen sie sich oft infantil oder auch verantwortungslos und riskieren so die Aufdeckung ihrer Schwindeleien. Und manchmal provozieren Männer mit ihren plumpen Lügen unbewusst eine Entscheidung.»

Um die Unterschiede zwischen den Lügen von Mann und Frau deutlich zu machen, führte Dory Hollander einen interessanten Test durch. Sie bat die interviewten Männer und Frauen, von ihrer letzten Lüge zu berichten, die sie dem anderen Geschlecht erzählt hatten. Zwölf dieser Lügen listete sie in einer Tabelle auf, ließ dabei aber im Unklaren, ob sie von einem Mann oder einer Frau stammten. Durch die Wahl des geschlechtsneutralen Namens «Pat» ermöglichte es die Autorin ihren Lesern und Leserinnen, ihr Gespür für typische Männer- bzw. Frauenlügen zu testen. Da ich Hollanders Test für äußerst aufschlussreich halte, möchte ich diese zwölf «letzten Lügen» hier vollständig wiedergeben. Damit haben auch Sie Gelegenheit herauszufinden, wie gut Ihr Lügen-Gespür ist.

1. «Ich habe Pat nicht gesagt, dass ich mich noch nicht entschieden hatte. Ich sagte: ‹Ich rufe dich an›, doch ich tat es nicht.»
2. «Ich log Pat vor, wie gut er/sie im Bett sei.»
3. «Als ich mit Pat im Kino war, sah ich den besten Freund/die beste Freundin derjenigen/desjenigen, mit der/dem ich mich im letzten Sommer im Geheimen traf (während ich die Beziehung

mit Pat hatte). Pat fragte mich: ‹Woher kennt ihr euch?› Der Freund/die Freundin und ich logen beide.»

4. «Ich begegnete Pat auf einer Party. Ich übertrieb ein bisschen in Bezug darauf, was ich beruflich tat. Ich ging noch weiter und behauptete, an Orten gewesen zu sein, wo ich noch nie gewesen war, Dinge getan zu haben, die ich noch nie getan hatte.»

5. «Als es mit der Beziehung zu Ende ging, fühlte ich mich deprimiert und log Pat vor, dass ich mich wegen meiner Depression behandeln lassen würde.»

6. «Es war in einer Arbeitssituation mit meinem Chef/meiner Chefin. Obwohl es nicht stimmte, erklärte ich, dass ich noch nie daran gedacht hätte, im Theater aufzutreten, damit man mich weiterhin für bescheiden hielt.»

7. «Vor einem Monat wollte ich die Beziehung beenden. Ich war mit Pat zwei- oder dreimal ausgegangen und sagte nun zu ihm/ihr: ‹Es liegt nicht an dir, sondern an mir.› Doch es lag an Pat.»

8. «Ich war gerade einige Zeit mit Pat zusammen, als jemand, den/die ich von früher her kannte, der/die aber damals nicht für mich erreichbar war, sich für mich interessierte. Wir hatten ein kurzes Sexabenteuer miteinander. Pat sagte ich aber nichts davon.»

9. «Bei einem Telefongespräch vor zwölf Tagen mit einer Person, die mich reizt, zu der ich aber sonst keine besondere emotionale Beziehung empfinde, sprach ich in einem flirtenden Tonfall, der nicht echt war.»

10. «Es war eine Höflichkeitslüge, als ich behauptete, dass Pat ein guter Gesellschafter/eine gute Gesellschafterin sei, während er/sie auf der Couch einschlief.»

11. «Die Lüge hinsichtlich Pats Verhalten auf der Silvesterparty in New York: dass ich Pat nicht sagte, wie unmöglich ich ihn/sie fand.»

12. «Beim Sex sagte ich, dass ich für immer bei Pat bleiben wolle.»

Welche dieser Lügen stammen nun von Frauen und welche von Männern? Hier die Auflösung: Von Männern kamen die Lügen eins, drei, vier, fünf, acht, neun und zwölf; von Frauen die Lügen zwei, sechs, sieben, zehn und elf. Wie oft haben Sie richtig gelegen?

Wenden wir uns zunächst den Männerlügen zu: Nummer 1 ist am leichtesten zuzuordnen, ist doch die «Ich-ruf-dich-an»-Lüge die männliche Hauptlüge Nummer eins. Lüge 3 deutet Hollander als die defensive Variante der Behauptung: «Du bist die Einzige»; die Partnerin soll sich bloß keine unnötigen Gedanken machen. Auch die vierte Lüge ist typisch männlich: Er gaukelt Ihr nur zu gerne beruflichen Erfolg und weltmännische Art vor.

Lüge 5 belegt die männliche Neigung, sich feige aus einer Affäre zu ziehen, statt über die wahren Probleme in einer Beziehung zu sprechen. Dass Mann einen Zwischendurch-Sex schnell abhaken kann, belegt Lüge Nummer 8, während die neunte Lüge offenbart, dass Männer gerne Heucheleien als Mittel zum Zweck einsetzen. Die letzte Lüge schließlich gehört wieder zu den häufigsten Unwahrheiten, die Männer von sich geben: die «Ich-will-immer-bei-dir-bleiben»-Lüge.

Nun zu den Frauen-Lügen: Nummer 2 ist gemeinhin eine bevorzugte Männerlüge, die jedoch auch von Frauen des Öfteren eingesetzt wird, weil es dem männlichen Ego gut tut, solches zu hören. Lüge 6 verrät die Angst der Lügnerin, dass es ihrem Ansehen schaden könne, wenn sie beruflichen Ehrgeiz zugeben würde – eine Idee, auf die ein Mann schwerlich kommen würde. Die siebte stammt von einer Frau, der es schwer fiel, einen interessierten Mann abzuweisen, dessen Gesellschaft ihr nichts bedeutete.

Lüge Nummer 10 schließlich ist eine reine Höflichkeitslüge. Obwohl der Mann nach einem Konzertbesuch in der Wohnung seiner Herzdame einschläft, macht sie ihm noch Komplimente. Und in Lüge 11 kommt die defensive Reaktion einer Frau zum Ausdruck, deren Partner sich auf einer Party nicht um sie kümmerte und ständig mit anderen flirtete.

«Wenn man alle Lügen betrachtet, die Männer und Frauen dem

jeweils anderen Geschlecht erzählten beziehungsweise von ihm erzählt bekamen», fasst Dory Hollander ihre Einsichten aus diesem Test zusammen, «so zeigt sich, dass es bei den Frauenlügen mehr darum ging, die Empfindungen des anderen oder die Beziehung zu schützen … Bei den zwölf letzten Lügen logen Frauen eher, um die Beziehung oder den Partner zu schützen. Sie übernahmen zu Unrecht die Verantwortung für etwas (‹Es liegt nicht an dir, sondern an mir›), um niemandem mit einer direkten Äußerung ihrer Wünsche oder ihres Zorns zu nahe zu treten. Sie vertuschten das Unangenehme, um das schwache Ich ihres Freundes zu beruhigen oder eine Beziehung nicht zu belasten. Zwar können auch Männer aus all diesen Gründen lügen, doch tun sie dies eher mit einer strategischen Absicht, um zu gewinnen, einen Vorteil zu erlangen oder negative Folgen zu vermeiden, wie zum Beispiel den Zorn einer Frau zu erregen.»

Wie Mann sich leicht denken kann, gefällt es mir nicht schlecht, dass Dory Hollander bei ihrer Suche nach Lügen-Gründen die Motive der Frauen etwas edler darstellt. Frauen lügen eher, um eine Beziehung nicht zu belasten, Männer dagegen aus egoistisch-strategischen Gründen. Hört sich gut an, jedenfalls aus Frauensicht.

5. Jeder Mann braucht sein kleines Geheimnis.
Die sympathischen Lügen der Männer

Kochen wie Bocuse – oder: Von Superhelden im grauen Alltag

So düster und deprimierend, so unsinnig und unverständlich, so lächerlich und lachhaft sich manche männlichen Geheimnisse auf Frauen auch auswirken mögen – glücklicherweise existiert auch eine Lügen-Liste, die Laune macht. Es ist die Liste der sympathischen Geheimnisse. Ich meine damit jene Art von männlichen Lügen und Heimlichkeiten, die zwischen komisch und kindisch, kurios und kabarettreif pendeln. Beim Sammeln entsprechender Geschichten habe ich das einstmals so starke Geschlecht mit einem Male weniger heroisch erlebt als vielmehr linkisch, ahnungslos, ungeschickt. Da wurde schon mal der Hand- zum Mundwerker, der Chefkoch zum Chefschwindler, der Autonarr zum Narren ohne Auto. Alles auf männlich-menschliche Art – und auf eine Weise, mit der Frau leben kann.

Bei allen folgenden Geschichten handelt es sich um Fälle, die den Mann trotz seines beträchtlichen Aufgebots an Verschleierungstaktiken am Ende doch wieder als Lügner entlarven – allerdings so, dass eine Frau mit Humor durchaus auf ihre Kosten kommen kann, selbst wenn sie ihn als Betroffene gerade beim Täuschen erwischt hat. Die Beispiele haben eines gemeinsam: Mann gaukelt aus falschem Stolz, fehlgeleitetem Rollenverständnis oder fundamentaler

Bequemlichkeit seiner Partnerin etwas vor. Er spielt eine Rolle, übrigens oft perfekter als ein Berufsmime, und betreibt einen enormen – auch finanziellen – Aufwand, als ginge es um eine Hollywood-Produktion. Natürlich mit ihm als strahlendem Helden in der Hauptrolle. Dazu führt er, der Doppelbelastung zum Trotz, auch noch meisterhaft Regie, indem er mit Geschick und Können zuweilen ein ganzes Komparsenheer dirigiert.

Und all das nur, um der Partnerin etwas vorzumachen. Zum Beispiel dass er kochen kann wie Biolek, charakterfest ist wie Old Shatterhand oder einen Autoreifen so gut wechselt wie Michael Schumachers Ferrari-Mechaniker. Dass in den folgenden Geschichten sein Rollenspiel für ihn letztlich kein Happy-End hat, kann Frau entspannt genießen. Wenn Mann zum Männchen wird, fühlt er sich wie in einer Tragikomödie und sie wie in einer Comedy. Ausgleichende Gerechtigkeit, wie ich finde.

Ich musste nicht einmal besonders lange nach passenden Szenarien suchen. Zwar haben die Betreffenden ihre Ruhmestaten – wie Frau sich denken kann – unter strengste Geheimhaltung gestellt. Dennoch bleiben sie uns Frauen zum Glück nicht vorenthalten. Es ist wie beim guten Witz: Der Multiplikationseffekt sorgt für die wohlverdiente Verbreitung. Kaum hatte ich einer Freundin eine dieser kuriosen Storys erzählt und sie sich von ihrem Lachanfall erholt, fiel ihr eine ebenso beispielhafte Episode einer Bekannten ein. Das summierte sich …

In flagranti beim Bügeln erwischt – oder: Wenn Männer ihre Haushaltstalente verschweigen

Monika und Dieter sind beide berufstätig. Da sie keine Kinder zu versorgen haben, können sie auf eine Haushaltshilfe verzichten. Die Arbeit wird, wie bei vielen berufstätigen Paaren üblich, geteilt. Wenn auch, wie ebenfalls üblich, nicht gerade fifty-fifty: Monikas Anteil war erheblich höher. Dieter hatte zwar mal zu Beginn der Ehe einen Plan entworfen, wie das bisschen Haushalt gerecht verteilt werden sollte. Doch erstens war dieser Plan schon seit langem spurlos verschwunden, und zweitens hatte Dieter seiner Frau oft genug signalisiert, dass er für bestimmte Tätigkeiten einfach nicht geschaffen sei. Die Signale, die er dabei aussandte, waren klar und unmissverständlich: Die Dinge, die er nicht besonders gerne erledigte, absolvierte er dermaßen liederlich, dass Monika sie fortan selbst übernahm. Und da Dieter vieles im Haushalt nicht besonders gerne erledigte, wuchs Monikas Arbeitsvolumen mehr und mehr, während sich Dieters Pflichten zunehmend reduzierten.

So hatte es sich im Laufe der Zeit eingebürgert, dass Dieter nach dem gemeinsamen Frühstück allmorgendlich das Geschirr in die Maschine stellte und samstags morgens so schnell durch die Wohnung fegte, dass der Staubsauger Mühe hatte, ihm zu folgen. Ach ja, ab und zu räumte er auch den Geschirrspüler aus. Das war's dann aber auch. Den Rest arbeitete seine Frau weg: Sie kaufte zwischendurch ein, kochte abends oder brachte etwas mit, kümmerte sich um die Wäsche und hielt, meist am Wochenende, die Wohnung sauber.

Lediglich die Bügelwäsche brachte Monika weg. Denn Bügeln hasste sie. Dieter war dies nicht ganz so recht, weil er das Geld lieber gespart hätte. Doch die beiden hatten sich letztlich auf einen Kompromiss geeinigt: Nur Dieters Hemden wurden in Heimarbeit gebügelt, von Monika, versteht sich. Denn mit seinen Oberhemden war er sehr pingelig. Die mussten picobello sein. Dieter benötigte jeden Tag ein frisches Hemd, für seine Kundenbesuche am Nachmittag. Den Vormittag verbrachte er zu Hause am Schreibtisch im Büro.

Zeit für Hausarbeit blieb ihm dabei nicht. Sagte er jedenfalls immer. Der Bürokram, meinte er, sei nun mal wichtiger. Die ungerechte Verteilung der Jobs im Haushalt nahm Monika mehr oder weniger klaglos hin. Und wenn sie mal eine Bemerkung machte, kam sie eher spöttisch-humorvoll als frustriert daher. Wenn etwa Dieter wieder einmal ignorierte, dass der Staubsaugerbeutel übervoll war und deshalb auf dem Teppich nach dem Saugen mehr Dreckspuren zu sehen waren als vorher, empfahl sie lächelnd: «Du solltest den Dreck aus dem Staubsaugerbeutel besser flächendeckend verteilen, das sieht ordentlicher aus als jetzt mit den einzelnen Schmutzhäufchen.» Dieter belohnte Monikas Witz, indem er über ihre oft kabarettreife Formulierkunst herzhaft lachte. Er schien zweifellos ein besserer Gesellschafter als Hausmann zu sein. Saßen die beiden mit Freunden zusammen, waren Dieters hausmännische Fähigkeiten oft Gegenstand komischer Geschichten. Wobei Dieter sich selbst gerne noch etwas linkischer beschrieb, als er im Grunde war.

So blieb alles beim Alten, bis zum Tag X. Monika hatte wie immer gleich nach dem Frühstück die Wohnung verlassen. Eigentlich fühlte sie sich ziemlich miserabel. Sie hatte Kopf- und Magenschmerzen. Eine Darmgrippe womöglich. Doch im Büro wartete ein Berg Arbeit auf sie. Deshalb machte sie sich auf den Weg. Nach zwei Stunden indes ging es nicht mehr. Die Übelkeit wurde unerträglich. Auf dem Heimweg fuhr sie noch an einer Apotheke vorbei, um sich mit Tabletten einzudecken. Als sie daheim die Wohnungstür aufschloss, hörte sie Dieter laut zur Radiomusik singen. Im Gegensatz zu ihr war ihr Mann offenbar ausgesprochen gut drauf.

Monika vermutete Dieter im Büro, doch der Raum war leer. Stattdessen fand sie ihren Mann im Wohnzimmer. Er stand hinter dem Bügelbrett und plättete eines seiner Hemden. Als er seine Frau sah, erschrak Dieter in einem Maße, als erlitte er plötzlich einen Schock fürs Leben. Sein Gesang blieb ihm in der Kehle stecken.

«Was machst du denn hier?», fragte er völlig entgeistert.

«Was machst du denn da?», fragte seine Frau zurück. «Du bügelst Hemden?»

Dieter blickte drein wie ein 13-Jähriger, der von seiner Mutter gerade beim Onanieren erwischt wurde, und redete, besser gesagt, stotterte auch so: Als er das eine weiße Hemd habe anziehen wollen, sei ihm eine scharfe Falte direkt vorne auf der Brust aufgefallen. Die wollte er nur eben schnell beseitigen. Dann hätte er ja das andere weiße Hemd anziehen können, meinte Monika trocken. Dieters Ausflüchte verpufften. In dem Moment fiel Monikas Blick auf vier perfekt gebügelte Hemden daneben auf der Kommode. So gut, das sah sie sofort, hätte sie das nie gekonnt.

Die Katastrophe war da, der Fall eindeutig: Monika hatte ihren Mann in flagranti beim Bügeln erwischt. Dieter, ihr im Haushalt vermeintlich so ungeschickter, unbedarfter, unordentlicher Dieter – ein Bügel-Baron von hohen Graden, fast ein Plätt-Papst. Wer hätte das gedacht!

Nun gibt es sicherlich gravierendere In-Flagranti-Fälle als diesen. Doch auch der war nicht ohne. Was Monika in den folgenden Tagen durch ihr zum Teil unbarmherziges Nachfragen zutage förderte, veränderte das Bild, das sie sich von ihrem Mann über Jahre gemacht hatte, doch entscheidend: Dieter entpuppte sich nämlich als hochtalentierter und kompetenter Hausmann. Trainiert wurde er schon vom zarten Kindesalter an von seiner inzwischen verstorbenen Mutter. Sie hatte den Ehrgeiz, den Sohnemann fürs Putzen, Waschen, Bügeln etc. fit zu machen. Ihre Zielvorstellung: Dieters Frau sollte es später mal leichter haben als sie selbst.

Dieter, nicht dumm, war sich natürlich vollauf der Gefahren bewusst, die seine professionellen haushälterischen Fertigkeiten für seine Bequemlichkeit auf Dauer nach sich ziehen würden. Deshalb stellte er sich bei allen Arbeiten zu Hause möglichst dämlichmännlich an. Was ihm auch gut gelang. Nur beim Bügeln funktionierte seine Taktik nicht. Weil seine Frau ihm die Hemden nicht gut genug plättete, legte er heimlich selbst Hand ans Eisen.

Mann beziehungsweise Frau kann sich denken, dass die Haushaltpflichten zwischen Monika und Dieter danach völlig neu aufgeteilt wurden.

Fondue mit Folgen – oder: Der Feuerwehrmann im (erwachsenen) Kinde

Angesichts Dieters jahrelang gepflegter Bequemlichkeitslüge wird sich kaum einer ein Grinsen verkneifen können. Schuft oder Schelm? Keine Frage, eher beides. Und Monika? Es spricht für ihren Humor, dass sie nach einer Weile über die Verschleierungstaktik ihres Mannes im Freundeskreis ihre Witzchen machen konnte; verbunden natürlich mit dem Zusatz, dass die schönen Zeiten für Dieter nun vorbei seien.

Die nächste Geschichte spielte sich in Hamburg ab. Sie wurde zum großen Knaller eines Silvesterabends.

Carmen und Hans-Hermann hatten sich in Hamburg kennen gelernt. Sie waren ein schönes Paar, hatten beide gute Jobs. Heiraten wollten sie dann, wenn sie irgendwo am Stadtrand eine schöne Wohnung gefunden und eingerichtet hatten. Da die beiden recht anspruchsvoll waren, dauerte es fast ein Jahr, bis das entsprechende Objekt entdeckt war. 96 Quadratmeter, schön geschnitten, mit Veranda am Südhang. Die Einrichtungszeit währte noch einmal vier Monate. Denn Carmen und Hans-Hermann hatten beide einen erlesenen Geschmack, und der wollte befriedigt sein. Erst als alles fix und fertig war, jedes Bild am richtigen Platz hing, die Vorhänge angebracht und auch ihre kleinsten Beanstandungen von den Handwerkern behoben waren, gingen sie zum Standesamt. Es war am Morgen vor Heiligabend. Das Fest selbst verbrachten die beiden allein in ihrer herrlichen, neuen, teuren Wohnung. Ein Dutzend engste Freunde und Verwandte luden sie für Silvester zum Fondue-Essen ein. Der Kreis sollte nicht allzu groß sein, schließlich wollte man hinterher die Wohnung nicht gleich wieder renovieren lassen.

Die Vorbereitungen für den letzten Abend des Jahres nahmen den ganzen Nachmittag in Anspruch. Carmen kümmerte sich um die Saucen und den Tisch, Hans-Hermann um die Getränke und das Fleisch. Nur wer das Fett im Fonduetopf auf die richtige Temperatur brachte, musste noch geklärt werden. Carmen bat, sich davor drücken zu dürfen. «Heißes Fett ist mir nicht geheuer», begründete sie, «als Kind habe ich mich mal böse verbrannt.»

Hans-Hermann, ganz Mann, beruhigte seine Frau, indem er auf seine fundierten Fondue-Erfahrungen verwies. Sie solle sich mal keine Sorgen machen, sie könne schon ins Bad gehen und sich in Ruhe zurechtmachen. Dann gab er Fett in den Fonduetopf und drehte die Herdplatte an. In der Zwischenzeit ging Hans-Hermann ins Schlafzimmer, legte sich seine Abendgarderobe zurecht, schaute in den Spiegel, stellte fest, dass eine Rasur angebracht wäre, holte Rasierapparat und Zeitung, setzte sich in einen Sessel und verband das Angenehme mit dem Nützlichen. Nun sind Silvesterausgaben bekanntermaßen sehr umfänglich und wollen erst einmal gelesen sein. Dabei verging die Zeit, Seite um Seite.

Plötzlich war Hans-Hermann hellwach. Aus der Küche hörte er ein ungutes Brodeln und Zischen. Er sprang auf und sprintete los. Was er sah, versetzte ihn in Panik. Das Fett im Fonduetopf hatte Feuer gefangen, und empor schoss eine meterhohe Flamme. So hoch, dass sich die frisch geweißte Küchendecke schon schwarz zu färben begann. Der Feuerlöscher, wo war der Feuerlöscher? Hans-Hermann überlegte fieberhaft. Hatten sie überhaupt ein solches

Gerät? Er wusste es nicht, hatte auch nicht die Zeit, auf die Suche zu gehen. Dann eben ein Handtuch. Wie bestellt lag eines griffbereit auf der Anrichte. Er packte es, fühlte, dass es nass war, und warf es über die Flamme …

Ein feuchtes Tuch auf brennendes Fett – da kann man auch gleich Öl ins Feuer gießen. Es war genau das, was Hans-Hermann auf keinen Fall hätte tun dürfen. Die Verpuffung war so stark, dass die Fenster in Küche, Wohn- und Schlafzimmer zersplitterten und in zigtausend Stücken durch die Wohnung flogen. Die 45 000 Mark teure Küche war innerhalb einer Sekunde nicht mal mehr die Hälfte wert. Die enorme Hitzeentwicklung hatte den Küchenvorhang auf Puppenküchenformat schrumpfen lassen. Hans-Hermann glaubte im ersten Moment, sein Oberkörper würde glühen, so heiß wurde ihm. Doch er hatte wahnsinniges Glück. Zwar war seine Haut rußgefärbt, doch er war unverletzt. Als Carmen in der Tür stand und einen langgezogenen Schrei ausstieß, wurde Hans-Hermann allmählich klar, was soeben passiert war.

Die Silvesterparty wurde dennoch ein Erfolg. Zunächst halfen die Gäste beim Aufräumen. Die zersprungenen Fenster wurden mit zurechtgeschnittenen Teilen der leeren Umzugskartons provisorisch verschlossen, die Scherben zusammengekehrt, die Küchentür einfach geschlossen. Als Dinner gab es Hähnchen mit Pommes vom Grill an der Ecke. Wein, Bier, Champagner etc. waren heil geblieben, weil die Flaschen draußen auf der Veranda in Sicherheit standen.

Der Gesprächsstoff des Abends war ebenfalls gesichert. Immer wieder musste Hans-Hermann seine Geschichte erzählen. Je öfter er's tat, desto lustiger fiel sie aus. Natürlich war ihm inzwischen die Unglücksursache bewusst geworden. Nie und nimmer hätte er ein feuchtes Tuch auf die Fettflamme werfen dürfen, sondern nur ein ganz und gar trockenes. Für einen erfahrenen Chemielehrer wie ihn bedeutete dies eine Blamage der ersten Kategorie. Doch Hans-Hermann behielt diese Schande für sich. Stattdessen erzählte er, dass er nach einem trockenen Handtuch griff, das dummerweise an einer Ecke etwas feucht gewesen sein muss. Das Auditorium glaubte ihm.

Mit Ausnahme seiner Frau Carmen. Sie kannte die Wahrheit. Als ihr Mann sich im Wohnzimmer rasiert und die Zeitung gelesen hatte, war sie noch kurz in der Küche gewesen, hatte das Corpus delicti nass gemacht und damit die Anrichte gereinigt. Carmen wusste also, dass ihr Mann aus Scham geschwindelt hatte. Jahrelang behielt sie ihr Wissen für sich. Bis zu jenem Tag, als Hans-Hermann aufgeregt aus der Küche gestürmt kam und ihr lauthals Vorwürfe machte: Sie hätte vergessen, eine Kochplatte abzuschalten; sie sollte gefälligst besser aufpassen; er hätte keine Lust, schon wieder einen Haufen Geld für eine abgefackelte Küche zu bezahlen.

Carmen reagierte ebenso gelassen wie ironisch-bissig: «Lieber Herr Oberstudienrat, erstens haben wir einen Elektroherd mit Sicherheitssystem, wo nichts passieren kann, zweitens solltest du dich mit Vorwürfen dieser Art sehr zurückhalten, weil ich die wahre Geschichte des Fondue-Unglücks kenne.»

Und sie erzählte, und er verstummte.

Wo bitte geht's zum Wagenheber? – oder: Wenn Männer bei typischer Männerarbeit versagen

Als die Anna ihren Siegbert kennen lernte, hatte der zwei große Leidenschaften: Anna und Autos. Im Laufe der Jahre reduzierte sich eine der beiden Passionen (Sie ahnen schon, welche), dafür hielt sich die andere auf dem alten Niveau. Anna, Fotografin von Beruf, kam es vor, als hätte sich die Autobesessenheit ihres Mannes sogar noch gesteigert. Indizien: An der Wand über seinem Schreibtisch hatte er immer mehr Fotos seiner Frau gegen Bilder seiner

Lieblingswagen ausgetauscht. Statt einer Autozeitschrift, wie zu Beginn ihrer Ehe, hatte er mittlerweile drei abonniert. Natürlich pflegte er sämtliche Klischees, die in seinen Kreisen verbreitet waren. Nie fuhr er in Waschstraßen, sein Auto reinigte er wöchentlich liebevoll per Hand. Kleinere Parklücken mied er strikt, damit ihm andere keine Schrammen zufügen konnten. Kam ein neues Modell auf den Markt, ganz gleich, von welcher Marke, zählte er zu den Ersten, die am Präsentationstag morgens beim Händler auf die Öffnung der Tore warteten.

Während es Siegbert daheim mit der Ordnung nicht so genau nahm, Zeitungen unsortiert liegen ließ, Aschenbecher nur selten leerte, Essensreste auf dem Wohnzimmerteppich ungerührt übersah, herrschte in seinem Wagen eine fast klinisch-antiseptische Sauberkeit. Nirgendwo ein herumliegender Gegenstand, stets gereinigte Fußmatten, angenehme Luftzirkulation (Siegbert hatte sich und allen anderen Rauchverbot erteilt). Wenn Anna erlebte, wie penibel ihr Automann die Schuhe abklopfte, bevor er sie in den Wagen setzte, stellte sie sich stets vor, wie schön es wäre, würde er dieselbe Sorgfalt auch vor dem Betreten der Wohnung walten lassen.

Auch sonst war in Siegberts Auto alles in Schuss. Der Inhalt des Verbandskastens befand sich in besserem Zustand als der des Apothekerschränkchens zu Hause. Das Reserverad wurde regelmäßig auf den richtigen Reifendruck kontrolliert. Das Warndreieck war stets so poliert, dass man es im Ernstfall auf einen Kilometer Entfernung hätte sehen können. Und im Werkzeugkasten lag alles, was ein Mechanikerherz begehrte. Unter solchen Umständen wünschte man sich eine Panne geradezu herbei, zumindest eine Reifenpanne.

Eines kühlen Herbstabends verließ Siegbert, Abteilungsleiter bei einer großen Versicherung, sein Büro und ging in Richtung Wagen. Er wollte sich noch mit Anna in der Stadt treffen, um einen wichtigen Termin beim Steuerberater wahrzunehmen. Doch was er dann sah, machte ihn fassungslos. Denn nun war genau das passiert, was er immer wieder gefürchtet hatte: Das rechte Hinterrad seines Fahrzeugs war platt. Reifenschaden. Normalerweise kein Problem, wohl aber für Siegbert. Der hatte noch nie einen Reifen gewechselt. Seit über zwanzig Jahren fuhr er Auto, aber von einem Plattfuß war er bislang verschont geblieben. Anfangs hatte er mal einen Reparaturkurs besuchen wollen, es aber immer wieder hinausgeschoben. Nachdem ein paar Jahre vergangen waren und er als erfahrener Autofahrer galt, dessen Leidenschaft weithin bekannt war, genierte er sich, seinen Schwachpunkt einzugestehen. Natürlich wusste Siegbert ungefähr, was bei einer Reifenpanne zu tun war, aber eben nur ungefähr und nicht genau. Ihm schossen Horrorszenarien durch den Kopf: Was, wenn aufgrund eines Bedienungsfehlers der Wagenheber umkippte oder die Schrauben klemmten oder sonstwas schief ging? Die bevorstehende Prozedur war ihm einfach zu heikel. Und so beschloss unser Autoexperte, den Reifenwechsel von einem anderen vornehmen zu lassen.

Er musste nicht lange überlegen, dann hatte er einen perfekten Plan. Siegbert rief den ADAC an, hob seine Stimme bis in Sopranhöhe an und mimte eine hilflose Frau am Steuer, die nicht die Kraft hätte, einen Reifenwechsel vorzunehmen. Dann rief er seine Frau an, die gerade das Haus verlassen wollte. «Bitte nimm dir ein Taxi und komm zu meiner Firma. Ich habe eine Reifenpanne, aber keine Zeit, das Rad zu wechseln, weil ich im Büro noch dringende Telefonate erledigen muss. Unser Hausmeister hat schon Feierabend. Ich habe den ADAC angerufen. Die machen das. Du brauchst nur dabeizustehen. So sparen wir Zeit und können unseren Termin beim Steuerberater einhalten. Ich komme, sobald ich fertig bin, runter zum Wagen.»

Alles klappte wie am Schnürchen. Der ADAC-Wagen traf fast zeitgleich mit Anna ein. Und der Mann in Gelb machte sich gleich an die Arbeit. Doch dann ritt Siegbert der Teufel. Weil er die Arbeit des Mannes von seinem Bürofenster aus nicht verfolgen konnte, schlich er sich in die Nähe des Tatorts, zündete sich eine Zigarette an und beobachtete heimlich und entspannt die Arbeit an seinem Auto. Da ihm leicht die Sicht versperrt war, störte es ihn nicht, dass er seine Frau dabei nicht ständig im Blickfeld hatte. Das Treffen mit dem Steuerberater konnte pünktlich stattfinden.

Als Siegbert tags darauf von der Arbeit kam, fand er auf seinem Schreibtisch ein großes Foto, abgezogen im DIN-A4-Format. Er erkannte sich, schräg von hinten zwar, aber einwandfrei zu identifizieren. Er stand geduckt hinter einem Auto. Vor ihm war ein Mann im ADAC-Overall zu sehen, der gerade einen Reifenwechsel vornahm. Siegbert nahm das Bild in die Hand. Plötzlich hörte er Annas Stimme hinter sich, voller Spott und Ironie: «Na, mein Lieber, hast du dir auch genau angeschaut, wie man einen Reifen wechselt? Ich fürchte nur, dein Beobachtungsposten war doch etwas zu weit entfernt.»

Siegbert blickte Anna entgeistert an. Und sie sah, wie sich sein Gesicht in Sekundenschnelle erst puterrot und gleich danach wieder blass färbte. «Du willst sicher wissen, wie ich dir auf die Schliche gekommen bin. Das werde ich dir aber jetzt nicht verraten. Erst dann, wenn du mir bewiesen hast, dass auch du ein Rad wechseln kannst. Fang doch schon mal mit dem Üben an. Nächste Woche hätte ich gerne meine Winterreifen montiert ...»

Wenn Raucher mit dem Feuer spielen – oder: Mannsein heißt standhaft bleiben

Zwischen 40 und 50 Zigaretten hatte Karl täglich geraucht. Bald zwanzig Jahre lang. Doch die Nichtraucher-Kampagnen der letzten Jahre waren auch an ihm nicht spurlos vorübergegangen. Wer raucht, ist anfälliger für Krebs. Wer raucht, stirbt früher. Wer raucht, schädigt auch sein Umfeld. Und so weiter. Endlich war Karl so weit, dass er sich vornahm, für immer aufzuhören. Nur wie? Die Idee kam ihm, als er gerade bei den Olympischen Spielen war. Karl war Sportjournalist. Klar, dass man in diesem Job bei solchen Ereignissen leicht auf einen 15-Stunden-Tag kommt, und das über Wochen; und dass dabei der Zigarettenkonsum Rekordhöhe erreicht. Bei Karl 60 bis 70, pro Tag, versteht sich.

«Ich habe damals während Olympia so viel geraucht, dass ich mich vor mir selbst geekelt habe. Aber ich wusste genau, dass ich bei diesem Berufsstress unmöglich aufhören konnte. Da guckte ich mir einen Tag aus, der noch weit weg war, genau sieben Monate. Es war der 1. April. An diesem Tag hörst du auf, befahl ich mir. Bis dahin rauchst du weiter wie bisher. Und du hast sieben Monate Zeit, dich auf diesen Tag zu konzentrieren, dich an den Gedanken des sofortigen Stopps zu gewöhnen. Ein Sofort-Stopp, der in ferner Zukunft lag, irgendwo ein Widerspruch, aber gerade das gefiel mir an diesem Plan. Man musste nicht sofort Farbe bekennen.»

Das war jedoch nicht alles. Nun entwickelte Karl eine Strategie, wie man die sieben Monate bis zum entscheidenden Tag sinnvoll nutzen konnte. «Ich dachte mir einige psychologische Tricks aus. So erzählte ich allen Leuten – meiner Frau, den Verwandten, den Freunden, den Kollegen –, dass ich am 1. April für immer mit dem Rauchen aufhören würde. Mit dieser kleinen PR-Kampagne wollte ich mich unter öffentlichen Druck setzen. Je mehr ich meine Botschaft verbreitete, desto häufiger wurde ich auf mein Vorhaben angesprochen. In den letzten Wochen kam ich mir vor wie eine Schwangere, wenn sie immer wieder gefragt wird: Wann ist es nochmal bei dir so weit? Viele belächelten mich, sagten mir, mein Rauch-Stopp würde zum Aprilscherz mutieren. Doch genau das wollte ich erreichen: ein öffentliches Interesse erzeugen, ein Heer von Beobachtern mobilisieren, das mich mit Argusaugen verfolgte, gespannte Erwartungen wecken, die sich bei Misserfolg schnell in Schadenfreude verwandeln würden.»

Als der 1. April anbrach, brach Karl das Rauchen ab, als sei es die selbstverständlichste Sache der Welt. «Auf meinem Schreibtisch lagen noch ein paar Zigaretten vom Vortag. Ich warf sie weg. Natürlich hatte ich auch Entzugserscheinungen. Aber schon nach einer

Woche war die Leidenszeit, die Erfahrungswerten zufolge sechs bis acht Wochen dauert, vorbei. Ich hatte mich im Griff.»

Karl war auf seine Strategie so stolz, dass er sogar vorhatte, sie zu vermarkten. «So höre ich mit dem Rauchen auf» – mit der Methode, die er entdeckt zu haben glaubte und die er persönlich mit Erfolg durchgezogen hatte, plante er, ein Buch zu schreiben, Seminare anzubieten, kurzum, gutes Geld zu verdienen. Einen Namen hatte er auch schon: LSS, was für «Long Smoking Stop» stand. Etwas Englisches im Titel macht sich immer gut, dachte Karl. Auch für den alles entscheidenden Tag fand Karl eine Bezeichnung. Er gab ihm den spektakulären Namen «D-Day». Es sollte ein Datum sein, das sich leicht einprägt. Ein Geburtstag beispielsweise, oder ein Feiertag, oder der 1. April.

«Das Wichtigste bei dieser Methode ist ihr PR-Effekt», erklärte Karl stets, wenn er nach seinem Erfolgsgeheimnis befragt wurde. «Es kommt darauf an, dass jeder, den man kennt, auch den D-Day erfährt. Die anderen müssen wissen, dies ist der Tag der Tage. Auch die lange Vorbereitungszeit macht den Erfolg aus. Weil mein Kopf sieben Monate Zeit hatte, sich auf den 1. April vorzubereiten, beeinflusste er auch positiv die körperlichen Reaktionen. So wusste quasi auch mein Körper vorher Bescheid und zeigte vergleichsweise weitaus weniger Widerstand gegen den plötzlichen Stopp. Deshalb hielten sich die Entzugserscheinungen bei mir auch in Grenzen.»

Karls Methode fand etliche Nachahmer. Sie half Freunden und Bekannten, mit dem Rauchen aufzuhören. Keine Frage, Karls LSS-Konzept war ein intelligenter Weg, dieses Laster loszuwerden.

So weit die Geschichte von Karl dem Starken. Nun zu Karl dem Schwachen. Zehn Jahre lang blieb er Nichtraucher. Dann wurde er rückfällig. Anlass war eine Affäre mit einer anderen Frau, einer Raucherin. Das Verhältnis, das er vor seiner Ehefrau verheimlichen konnte, dauerte ein paar Monate, ehe es, für Karl völlig überraschend, von der Geliebten von einem Tag auf den anderen beendet wurde. Karl geriet in eine Krise, zeigte Stresssymptome, ging abends in Kneipen, trank zu viel – und ließ sich eines Tages von einem Bekannten zu einer Zigarette überreden. Die Reaktion war wie beim trocken gewordenen Trinker, bei dem schon ein einziger Schnaps zum Rückfall reicht: Es blieb nicht bei einer Zigarette. Am selben Abend schon spürte Karl wieder die alte Sucht.

Aber wie sollte es weitergehen? Karl wollte den Rückfall unter allen Umständen geheim halten. Wie würde er sonst dastehen? Kein Mensch durfte davon erfahren, auch seine Frau nicht. Es wurde ein schwieriges Unterfangen. Hatte er über Monate hinweg das Verhältnis mit der anderen samt dem schmerzlichen Schlusspunkt noch mit einer überschaubaren Anzahl von Finten verheimlichen können, so waren hier weitaus intensivere, umfänglichere Verschleierungstaktiken gefragt. Wo verstecke ich Zigaretten und Zündhölzer? Wie erkläre ich den permanenten, penetranten Geruch? Welche Orte bieten sich für unentdecktes Rauchen an? Welche Mittel vertreiben am besten den rauchigen Mundgeruch – Kaugummis, Pfefferminz oder Fishermen's Friend?

Karl wurde alles abverlangt. Er musste seine ganze Phantasie mobilisieren, damit er das alte Laster pflegen konnte. Manchmal kam es ihm vor, es müsse leichter sein, fünf außereheliche Affären zeitgleich so zu pflegen, dass keine etwas von den anderen erführe, schon gar nicht die Ehefrau. Verständlich, dass Karls Ausreden bisweilen die Grenzen der Glaubwürdigkeit überschritten. Als er einmal während einer kalten Winternacht aufstand, um dick vermummt draußen im Garten eine Zigarette zu rauchen, seine besorgte Frau ihn laut rufend im Haus suchte und sich zu Tode erschrak, wie er, ohne Zigarette, durch die Terrassentür wieder hereinkam, stotterte Karl etwas von verdächtigen Geräuschen, die er hinterm Haus gehört hätte. Anschließend marschierte er schnurstracks ins Badezimmer, um dort mit unterdrückten Gurgelgeräuschen den Zigarettengeruch zu beseitigen.

Mehr als ein Jahr lang rauchte Karl heimlich – im Verlagshaus auf der Toilette, auf dem Heimweg am Waldrand oder in der Kneipe. Einmal schrieb er sogar einen Brief an Fishermen's Friend, um sich über den rauchigen Restgeruch nach dem Verzehr der Pastillen zu beschweren. Es war eine strategische und organisatorische Meisterleistung, dass er selbst sein engstes Umfeld so lange täuschen konnte.

Schließlich wurde es Karl dann doch zu viel. So beschloss er, einen neuen D-Day zu fixieren, um sich das Rauchen zum zweiten Mal, und dann ganz bestimmt für die Ewigkeit, abzugewöhnen. Nun lag der entscheidende Tag vier Monate vor ihm. Die Motivation musste er aus sich selbst herausholen. Begleitende PR-Maßnahmen erschienen unter den gegebenen Umständen nicht opportun. Diesmal jedoch geriet die LSS-Methode mit ihrer langen Vorbereitungszeit zur Falle.

Wenige Tage vor Karls neuem D-Day, seinem Hochzeitstag, wurde er von seiner Frau erwischt, und zwar auf kuriose Weise: Karl hatte eines Abends vergessen, die Zigaretten aus seinem Jackett zu nehmen. Um zu verhindern, dass seine Frau beim morgendlichen Ausbürsten die Schachtel findet, wollte er nach dem Frühstück nochmal schnell in die Jackentasche greifen. Dabei beobachtete ihn seine Frau. Karl erschrak und steckte das Corpus Delicti blitzschnell in die Hosentasche. Zu spät. Die Gemahlin witterte Unrat. Sie warf dem Partner vor, gerade eben Kondome versteckt zu haben, und bestand auf Offenlegung des Belastungsmaterials. Karl befand sich in der Zwickmühle. Würde er den Wunsch ignorieren und einfach das Haus verlassen, ginge seine Frau davon aus, dass er fremdgeht. Präsentierte er die Zigaretten, war er für sie fortan wohl nur noch Karl der Schwache.

Karl entschied sich für Letzteres. Übrigens liegt sein zweiter D-Day nun auch schon wieder einige Jahre zurück. Bis zur Drucklegung dieses Buches blieb er standhaft.

Martins Hass auf Bauanleitungen –
oder: Gekonnt ist gekonnt

Martin, Fahrdienstleiter in einem großen Klinikum, liebt es über alles, sich als Heimhandwerker zu betätigen. «Am liebsten arbeitet er mit Holz», spricht seine Frau Angelika, Angestellte einer Lottogesellschaft, aus langjähriger Erfahrung. Wenn sie sich in Haus und Garten umschaut, bleibt ihr Blick ein übers andere Mal an einem Bauwerk ihres Mannes hängen. Das Vogelhäuschen draußen war Martins Erstling. Dann folgte der Geräteschuppen, sogar mit Schwingboden ausgestattet. Im Keller steht ein hübsches Weinregal, im Wohnzimmer prangt eine imposante Bücherwand, aufgelockert von Parzellen für Fernseher, Bilder und Plastiken.

Den Höhepunkt von Martins bisherigem Schaffen jedoch findet man in der Küche – eine Holzkomposition aus Einbauschränken, Regalen und Arbeitsflächen, die sich wirklich sehen lassen kann. Alles passgenau und doch nach Augenmaß. Denn Martin macht vorher keine großen Pläne, am liebsten improvisiert er. Bauanleitungen sind ihm ein Greuel. Die würden nur seine Kreativität einschränken, sagt er. Für Angelika war es deshalb nicht gerade leicht, ihre Vorstellungen von einer funktionalen Küche durchzusetzen, doch mit Kompromissbereitschaft auf beiden Seiten kam dann doch ein allseits befriedigendes Ergebnis zustande.

Den nächsten großen Wunsch seiner Frau schob Martin allerdings ein halbes Jahr lang vor sich her – ein Gästebett, damit der dazugehörige Raum im Souterrain endlich zum Gästezimmer deklariert werden konnte. Angelika dachte vor allem an die Besuche ihrer Mutter. Bislang hatte die alte Dame immer auf der Wohnzimmercouch schlafen müssen, um dann allmorgendlich mit Rückenschmerzen aufzuwachen. «Das ist kein Zustand», stellte Angelika seit langem immer wieder fest. Martin gab ihr zwar stets Recht, doch an die Arbeit machte er sich nicht.

Richtig böse wurde Angelika erst, als ihr Mann zunächst noch für den Nachbarn ein Weinregal baute. «Der scheint dir mehr zu bedeuten als meine Mutter», lautete ihr Vorwurf. Martin dementierte aufs Heftigste. Was sogar einigermaßen glaubwürdig rüberkam. Im Nachhinein bereute er sogar sein Engagement in Nachbars Keller. Als Entlohnung war Martin zwar zum Besuch eines Bundesligaspiels eingeladen worden, doch der schofelige Nachbar hatte gerade mal eine Stehplatzkarte spendiert.

So oder so, Angelika hatte von der Warterei die Nase voll. Sie lieh sich den Kombi einer Freundin, fuhr zu einem bekannten schwedischen Möbelhaus und kaufte ein Bett. Als Martin abends nach Hause kam, fand er im Gästezimmer eine Vielzahl eingepackter Einzelteile vor. «Meine Mutter kommt am Wochenende zu Besuch, ich wünsche mir, dass du bis dahin das Bett zusammengebaut hast», sagte Angelika.

Martin hatte verstanden. Aufgrund ihres Tonfalls war ihr Wunsch ihm Befehl. Bis zum Besuch seiner Schwiegermutter waren es noch vier Abende. Zwei davon, so seine Kalkulation, sollten für die Arbeit dicke reichen. Am nächsten Abend packte Martin zunächst alle Einzelteile aus und breitete sie der Reihe nach aus. Das Gleiche tat er mit Schrauben, Muttern und Winkeln, die in kleinen Plastikbeuteln verpackt waren.

Dann sah er sie, die Bauanleitung, fein säuberlich in einer Plastikfolie verschweißt. Martin warf sie gerade verächtlich hinter sich, als seine Frau hereinkam. Angelika hob die Anleitung auf und drückte sie Martin wieder in die Hand. Der nahm sie entgegen, als würde er eine fristlose Kündigung erhalten. Er packte das Heft aus und sah sich amüsiert die mit Zahlen und Pfeilen versehenen Zeichnungen an. Nachdem Angelika das Zimmer verlassen hatte, nahm er einen großen Aschenbecher, knüllte die gesamte Bauanleitung zusammen und verbrannte sie. Mit dem Aschenhäufchen ging er anschließend in die Küche, zeigte seiner Frau die Reste der Bettbeschreibung, stellte sich in Positur und verkündete mit wichtigem Gesicht, die Verbrennung sei als symbolischer Akt seiner Verachtung gegenüber jedweder Art von Bauanleitung zu verstehen.

117

Dann marschierte Martin in den Keller, um sein gesamtes Handwerkszeug zu holen: Kreuz- und Schlitzschraubenzieher in den unterschiedlichsten Größen, diverse Schraubenschlüssel, Hammer, Zangen, Holzleim, Bohrmaschine, Elektrosäge, Schleifapparat und natürlich Schrauben aller Art – schließlich war der vorliegenden Qualität nicht zu trauen. Nachdem alle Gerätschaften ausgelegt waren, stürzte sich Martin in sein Element, die hohe Kunst der Improvisation. Hier sägte er ein Stück Holz ab, da schraubte er ein Teil an; hier bohrte er zwei Löcher zusätzlich, da setzte er neue Gewinde für die eigenen Schrauben ein; hier veränderte er die Winkel, da manipulierte er an der Aufhängung.

Nach zwei Abenden war pünktlich alles fertig. Stolz zeigte Martin Angelika das Bett: «Darin könnte sogar gefahrlos ein Elefant schlafen, deine Mutter allemal.»

Angelika hätte zu diesem zweifelhaften Vergleich zwar gerne etwas gesagt, doch um des lieben Friedens willen unterließ sie ihren Kommentar. Immerhin hatte sich ihr Mann mehrere Stunden lang für ihre Mutter angestrengt. Da wollte sie nicht undankbar erscheinen. Und so konnte Angelikas Mutter an jenem Wochenende zum ersten Mal im neuen Bett schlafen.

An Sonntagen war es üblich, dass Martin und Angelika gemeinsam das Frühstück machten. Während der Woche überließ Martin diese Tätigkeit gerne seiner Frau. Als die beiden an diesem Sonntag ins Wohnzimmer kamen, sahen sie zu ihrer großen Überraschung Angelikas Mutter auf der Couch liegen. Von den Geräuschen geweckt, drehte sich die alte Dame den beiden zu, verzog ihr Gesicht und klagte:

«Mein Rücken tut so weh.»

«Aber Mutter, weshalb liegst du denn auch nicht im neuen Bett?»

«Das neue Bett ist schon kaputt. Mitten im Schlaf ist die Matratze auf der einen Seite durch den Rahmen gefallen. Jetzt hängt sie völlig schief halb im Bett, halb auf dem Boden. So kann man nicht schlafen.»

«Weshalb hast du uns denn nicht geweckt?»

«Zuerst dachte ich, dass euch der große Knall wach gemacht hätte. Aber dann überlegte ich mir, dass man das Bett in der Nacht ohnehin nicht reparieren könnte, und deshalb habe ich im Wohnzimmer auf der Couch weitergeschlafen.»

«Das tut mir furchtbar Leid, Mutter!» Angelika blickte Martin an. Doch der hielt sich bedeckt.

«Wer hat euch denn dieses Bett aufgebaut?», fragte die alte Dame nach.

Jetzt schwieg Angelika, denn sie meinte, darauf sollte nun Martin antworten. Der schien im Stress. Seine Gesichtsfarbe wechselte, er atmete laut, wand sich – und flüchtete sich schlussendlich in Feigheit: «Das war ein Bekannter, der sich mit Schreinerarbeiten auskennt.»

Seine Schwiegermutter zog erstaunt die Augenbrauen hoch. «Na, so was! Das hättest du besser selbst zusammengebaut, Martin. Du kannst das doch auch.»

Nach einigen Sekunden hatte Angelika ihre Sprache wiedergefunden. Sie schaute Martin an, fast ein wenig mitleidig, dann blickte sie zu ihrer Mutter und sagte doppelbödig: «Weißt du, Mutter, für dein neues Bett wollte Martin kein Risiko eingehen. Deshalb sollte es ein Fachmann aufbauen.»

Erst kochte Jürgen, dann seine Frau – oder: Wer, bitte, ist Bocuse?

Im Grunde war Jürgen zu beneiden, beruflich wie privat. Er war als Lektor für einen renommierten Verlag tätig und erledigte den Job in seinem Büro zu Hause, am PC via Online. Und mit seiner Frau Magdalena führte er eine glückliche Ehe. Magdalena war eine überaus attraktive Erscheinung und das, was man heute gerne als

Powerfrau bezeichnet. Sie arbeitete in der Modebranche, war Designerin und besaß drei Boutiquen in Düsseldorf, Köln und Leipzig. Sie besuchte alle wichtigen Modemessen, reiste oft nach Rom, Mailand und Paris, präsentierte hier, kaufte dort, verhandelte mit Topmanagern und Nachwuchstalenten – alles überaus erfolgreich. Zwar konnte Jürgen mit den Einkünften seiner Frau nicht einmal ansatzweise mithalten, doch hatte Magdalena ihren Mann diesen kapitalen Unterschied niemals spüren lassen. Die beiden hatten ein gemeinsames Konto, von dem sich jeder bedienen konnte, wie er es für richtig hielt. Noch nie war es vorgekommen, dass einer den anderen in puncto Ausgaben kontrolliert hätte.

Und dennoch: So richtig wohl fühlte sich Jürgen nicht in seiner Haut. Zu gerne hätte er beruflich mehr dargestellt. Oft genierte er sich, wenn Magdalena im Restaurant die Rechnung bar bezahlte, indem sie die Scheine nonchalant aus ihrer Tasche fingerte. Es war ihm nicht recht, dass in ihren Stamm-Restaurants seine Frau vom Personal ganz offensichtlich als der finanzkräftigere Partner angesehen wurde. Wenn zum Beispiel die Kellner die Rechnungen wie selbstverständlich Magdalena hinlegten.

Nicht zuletzt deshalb dachte Jürgen darüber nach, ob er nicht vom Lektor zum Autor wechseln sollte. Er träumte vom großen Bucherfolg, für den man nur die richtige Idee haben müsste, um viel Geld zu verdienen. Ohnehin glaubte er, besser schreiben zu können als die allermeisten jener Autoren, deren Texte er bislang zu bearbeiten hatte. Jürgen sprach gerne von seinen Plänen, allerdings machte er sich nie daran, sie auch zu verwirklichen.

Da die beiden kinderlos waren, mussten sie ihr Privatleben nicht nach festen Zeiten ordnen. Trotzdem hatte sich, wenn Magdalena nicht gerade auf einer Modemesse weilte, ein gewisser Wochenrhythmus eingespielt. Sie verließ morgens gegen 9 Uhr das Haus und kehrte nicht vor 20 Uhr zurück. Zwei Tage die Woche, in aller Regel Montag und Dienstag, verbrachte Magdalena in ihrem Leipziger Geschäft, das sich noch konsolidieren musste. Um den Haushalt kümmerte sich an zwei halben Wochentagen eine Hilfe. Den

Rest erledigte Jürgen, Einkaufen zum Beispiel oder die Wohnung aufräumen.

Der Abend gehörte den beiden. Am liebsten redeten sie beim Essen miteinander. Entweder im Restaurant oder zu Hause. Ursprünglich hatte Magdalena an zwei Abenden selber gekocht, auf die Schnelle zwar, aber immer lecker. Doch irgendwann hatte ihr Mann ihr feierlich eröffnet, künftig einen Kochabend pro Woche übernehmen zu wollen. «Früher habe ich gerne neben meiner Mutter in der Küche gestanden und geholfen. Da habe ich einiges gelernt. Ich möchte nur einen Tag vorher Bescheid wissen, damit ich einkaufen und alles vorbereiten kann. Wie wär's mit Freitag?»

Magdalena war überrascht, doch konnte ihr Jürgens Angebot nur recht sein. Welches Geheimnis sich dahinter verbarg, ahnte sie indes nicht. Jürgen hatte seinen Einfall zunächst nur als einmaligen Gag geplant: Statt selbst zu kochen, wollte er kochen lassen – auf hohem Niveau. Magdalena sollte über seine Fertigkeiten staunen! Dazu rief Jürgen den besten Caterer der Stadt an und orderte für den kommenden Freitag ein Vier-Gänge-Menü. Wichtig sei, so schärfte er dem Lieferanten ein, absolute Pünktlichkeit und eine Vorbereitung, die es ihm gestattete, mit wenigen Handgriffen die einzelnen Gänge auf die Teller zu bringen. Die passenden Weine bestellte er gleich mit.

Als Magdalena am Freitagabend von der Arbeit kam, erhielt sie als Erstes striktes Küchenverbot. «Ich möchte nicht, dass du hereinkommst, weil ich ein Überraschungsmenü vorbereitet habe», erklärte er ihr und lächelte vielsagend.

Jürgens Debüt-Menü wurde ein voller Erfolg. Schon die Tischdekoration beeindruckte Magdalena. Frische Blumen, originell gefaltete Stoffservietten, Gläser für Wasser, Weißwein und Rotwein. Im Hintergrund lief klassische Musik. Zu Beginn reichte Jürgen seiner Frau ein Glas Champagner in die eine Hand und die Menüfolge in die andere. Was sie las, machte sie sprachlos: Tiramisu von Gänseleber und Baumkuchen mit Apfelsalat als Vorspeise; als Zwischengericht Zander und Lachs im Wantan-Blatt mit asiatischen Gemüsen; als Hauptgericht Rehrücken-Medaillons auf Sprossenkohlblättern, Wacholdersauce mit Shii-Take-Pilzen; und als Dessert Ananas in Orangenkaramel, Pimento-Eis und Sauerkirschkompott. Was Magdalena serviert bekam, machte sie euphorisch. «So wie du würde ich das nie und nimmer hinkriegen. Es war phantastisch, einfach perfekt!», lobte sie ihren Mann hinterher.

Das Lob ging Jürgen runter wie toskanisches Olivenöl. Und zwar so sehr, dass er auf die am Ende des Abends geplante Enthüllung seines Gags verzichtete. Dafür gefiel ihm seine neue Rolle als Meisterkoch zu gut. Weshalb also nicht so weitermachen? Und so geriet Jürgens Überraschungsmenü am Freitagabend zum kulinarischen Highlight jeder Woche. Vier Gänge waren es mindestens, die Jürgen auftischte, oft auch fünf. Dabei schaffte er es, die Cateringfirma zu immer neuen Höchstleistungen zu motivieren, einschließlich der Tischdekoration. Magdalena gewöhnte sich an, an jenen Tagen kaum etwas zu essen, um ihren Mann abends nicht durch Appetitlosigkeit zu enttäuschen. Sie versäumte auch nie, ihn für seine gastronomischen Talente zu rühmen. Und Jürgen freute sich darüber, als hätte er alles höchstpersönlich zubereitet.

Verschlossen gab er sich nur dann, wenn Magdalena ab und zu den fachmännischen Tipp eines Kochexperten einzuholen wünschte. Einmal wollte sie wissen, wie er eine bestimmte Fischsauce gemacht habe. In diesen Fällen sprach Jürgen von seinen kleinen Geheimnissen, die er nicht gerne verraten würde. «Ein Zauberer verrät ja auch nicht seine Tricks. Im Übrigen: *Eine* Disziplin, in der ich besser bin als du, solltest du mir gönnen.» Und weil er dabei schmunzelte, nahm sie solche Bemerkungen nicht weiter wichtig.

Dass Jürgens logistische Leistungen von Mal zu Mal aufwendiger wurden, störte ihn nicht. Im Gegenteil, es reizte ihn. Er betrachtete es als Herausforderung, alle eventuellen Demaskierungen einzukalkulieren, falsche Spuren mit angeblich benutzten Pfannen und Töpfen zu legen und jeden Hinweis auf den Lieferservice zu beseitigen. Einmal stand er knapp vor der Entlarvung, als der Caterer wegen eines Verkehrsstaus erst in letzter Minute kam. Weil seine Frau gerade vorgefahren war, entließ Jürgen in Panik die perplexen Serviceleute durch den Garten.

Eines Tages, während einer Modemesse in Düsseldorf, wurde Magdalena vom Veranstalter nach einer Präsentation mit anderen Kollegen zu einem opulenten Abendessen eingeladen. Weil ihr die Leckereien vom Büffet hervorragend schmeckten, musste sie an Jürgen und dessen Kochkünste denken. Dabei kam ihr eine Idee. Jürgens 50. Geburtstag stand bevor. Und sie wollte ihn mit einer großen Party überraschen. Magdalena ließ sich vom Veranstalter den Vertreter der Cateringfirma vorstellen und sprach sogleich die Details mit ihm durch. Da der Caterer auch Event-Gastronomie im Angebot hatte, buchte Magdalena gleich zwei Musiker, eine Bauchtänzerin, einen Pantomimen und einen Tischzauberer mit. Sie gab ihrem Gesprächspartner ihre Karte, nannte das Datum der Geburtstagsparty und verabschiedete sich.

An Jürgens Geburtstag hatte sich Magdalena freigenommen. Am frühen Nachmittag bat sie dann ihren Mann, sich für die nächsten Stunden zu verabschieden, da sie eine Überraschung geplant hätte. «Komm bitte nicht vor sieben Uhr zurück. Du kannst ja ins Kino gehen.» Als Jürgen gegen sieben zur Tür hereinkam, stimmten etwa dreißig Gäste zur Begleitung von zwei Musikern «Happy Birthday» an. Sie standen im großen Wohnraum, an dessen Längsseite ein gewaltiges Büffet aufgebaut war.

Die Festgesellschaft war bester Stimmung – mit Ausnahme von Magdalena. Sie schaute ernst, fast böse drein und sang nur mit zusammengepressten Lippen. Nachdem alle angestoßen und gratuliert hatten, nahm sie die erste Gelegenheit wahr, griff sich ihren Mann am Arm und zog ihn unsanft in eine Ecke. Sie schien innerlich zu kochen:

«Der Geschäftsführer der Cateringfirma hat ein Geschenk für dich dagelassen. Auf dem beigefügten Glückwunschkärtchen steht übrigens: Unserem verehrten Stammkunden alles Gute zum Geburtstag – auf hoffentlich noch viele Geburtstage und Freitagabende!»

6. Die Lage der Männer: ernst und hoffnungslos?

Was ist ein Mann in Salzsäure?
Ein gelöstes Problem.

Unsere Beispiele für sympathische Männergeheimnisse laden zum Schmunzeln ein: Im Gegensatz zu vielen Geschichten, die in früheren Kapiteln wiedergegeben wurden, handelt es sich hier tatsächlich um vergleichsweise harmlose Lügen, die Männer ihren angetrauten oder nicht-angetrauten Partnerinnen auftischten. Dennoch liegt all diesen kleinen Anekdoten im Grunde ein sehr ernstes Problem zugrunde: Gemeinsam ist den sechs sympathischen Lügnern, dass sie mit der Aufweichung des traditionellen Geschlechterverhältnisses Probleme haben, ob ihnen das nun bewusst ist oder nicht.

Der eine vertuscht seine Talente als Hausmann, entweder weil er glaubt, dies seinem Mannsein schuldig zu sein – oder weil er fürchtet, das Eingestehen der einen Fähigkeit könne dazu führen, dass er noch stärker in die Hausarbeit eingebunden wird. Der andere möchte nicht auffliegen lassen, dass er eine typisch männliche Tätigkeit, zum Beispiel das Reifenwechseln, nicht beherrscht – und inszeniert aus diesem Grund eine richtige kleine Komödie. Und Freund Jürgen, der Super-Hobby-Koch? Nun, wenn er vielleicht auch nicht gerade an seiner Rolle als Prinzgemahl einer Erfolgsfrau leidet, ist er doch weit davon entfernt zu akzeptieren, was über Jahrhunderte hin nahezu alle Frauen neid- und klaglos akzeptiert haben: zumindest nach außen hin nur die Nummer zwei eines Beziehungsteams zu sein. Wenn schon nicht im Job, will er wenigstens in der Küche besser sein als seine Frau. Ob Jürgen allerdings bereit gewesen wäre, täglich zu kochen, sofern er es tatsächlich gekonnt hätte, wage ich zu bezweifeln.

Wie so oft, bleibt einem also das Lachen im Halse stecken, wenn man den Ursachen des Lachimpulses auf den Grund geht. Ähnlich verhält es sich nicht nur mit Geschichten wie den eben erzählten, sondern auch mit den zumeist unpersönlicheren Witzen.

Ein Mann kommt in die Buchhandlung und erkundigt sich nach dem Titel «Der Mann – das starke Geschlecht». Die Verkäuferin starrt ihn kopfschüttelnd an und erklärt: «Dies ist hier die Abteilung Sachbuch. Science-Fiction finden Sie im zweiten Stock in der Belletristik.»

So weit die Beispiele für harmlose Männerwitze. Aber natürlich geht es auch unterhalb der Gürtellinie: Was ist der Unterschied zwischen einer Kneipe und einer Klitoris? Die Kneipe finden die Männer immer auf Anhieb.

Warum hat der liebe Gott den Mann erfunden? Weil ein Vibrator nicht den Rasen mähen kann.

«Mami, was ist denn ein Orgasmus?» – «Keine Ahnung, frag lieber mal deinen Vater!»

Die Liste der Männer-Witze, die seit Jahren kursieren, ließe sich beliebig verlängern. Längst sind schon ganze Bücher erschienen, die sich gut verkaufen, und wer einen Blick auf die zahllosen Witzseiten im Internet wirft, kann sich leicht auf den neuesten Stand bringen und gegebenenfalls selbst ein paar nette Jokes beisteuern. Hatten über die Jahre und Jahrzehnte hinweg immer nur die Frauen – von den Schwiegermüttern bis hin zu den Blondinen – als Objekte diskriminierender und oft bösartiger Witze gedient, so geht es nun der vermeintlichen Krone der Schöpfung an den Kragen. Kaum ein Frauenkränzchen kommt mehr ohne Scherze über das andere Geschlecht aus – und auch in puncto Zotenreißen steht unser Geschlecht den Herren kaum mehr nach. Viele Witze haben wahre Stammtischqualitäten – und das ist nur bedingt als Kompliment zu verstehen.

Was ist, bevor man es reintut, trocken, kommt klatschnass wieder raus und ist sehr befriedigend? Richtig, ein Teebeutel.

Oder der: Für den jungen Mann ist es das erste Mal. Nachdem er sich im Dunkeln schamhaft ausgezogen hat, führt er die Hand des Mädchens an seinen Penis. «Na, was hältst du davon?», fragt er stolz. «Oh, vielen Dank,» antwortet sie, «ich stecke sie mir erst mal hinters Ohr und rauche sie danach.»

Psychologen und Soziologen, die sich wissenschaftlich mit dem Witz befassen, wissen: Wer zum Gegenstand einer Zotenflut wird, um dessen Ruf und gesellschaftliche Stellung ist es nicht mehr zum Besten bestellt. Unser ehemaliger Bundeskanzler Helmut Kohl war vom ersten Tag seiner Amtszeit an das Opfer von Witz und Häme. Zunächst wurden meist seine eher bescheidenen Englischkenntnisse oder sein pfälzischer Dialekt auf die Schippe genommen, und die Witze waren fast noch liebevoll. In den letzten Jahren vor seiner Abwahl jedoch veränderte sich das. Je mehr die Leute mit ihm und seiner Politik unzufrieden waren, desto bösartiger gerieten die Witze, die über Helmut Kohl gerissen wurden.

Nach den Mantafahrern und den Blondinen sind nun – und dies wohl zum ersten Mal seit Menschengedenken – die Männer dran. Die Soziolinguistin Helga Kotthoff ist dem Phänomen nachgegangen und hat ein Buch darüber geschrieben: *Das Gelächter der Geschlechter*. Ihr Fazit: Der Mann dient immer mehr Frauen als Ziel für Zoten – gute Zeiten für Sie, schlechte Zeiten für Ihn. Und die Autorin zeigt wenig Mitleid mit den gebeutelten Männern: «Die Frauen haben Grund genug, verbal zurückzuschlagen.»

Die Krise des modernen Mannes

Es war einmal eine Zeit, da schien die Welt der Geschlechter für den Mann hehr und heil. Die Frauen schauten zu Ihm auf, taten, was Er sagte, waren brav und folgsam und ließen sich lieber von Ihm betrügen, als Ihn zu betrügen. Dies war die gute alte Zeit, jedenfalls für den Mann. Heute, da sind sich alle einig, die sich mit den Rollen der Geschlechter im Allgemeinen und der des Mannes im Besonderen beschäftigen, sieht die Lage des Mannes eher rostig als rosig aus. Seine aktuelle Situation wird nicht nur von Frauen mit Skepsis analysiert. Walter Hollstein etwa, einer der führenden Männerforscher hierzulande, schließt sogar sich selbst sein: «Wir spüren unsere Defizite selber, zum Teil offen und, zugegebenermaßen, zum größeren Teil sicher noch abwehrend, verleugnend und verdrängend – oft mit psychosomatischen Folgen.»

Aufgrund ihrer Arbeit mit Männern unterscheidet die Berliner Beratungsstelle «Manege», deren Ergebnisse Walter Hollstein für sein Buch: *Die Männer – vorwärts oder zurück* auswertete, acht männliche Krisenbereiche:

«1. Männer scheitern in Ehen, Beziehungen und Partnerschaften zu Frauen oder sind überhaupt nicht mehr in der Lage, Kontakte zu Frauen herzustellen.

2. Männer sind aufgrund ihrer emotionalen Abhängigkeit von Frauen verunsichert oder sogar hilflos, wenn Frauen heutzutage eigene Bedürfnisse anmelden und für ihre Unabhängigkeit von Männern eintreten.

3. Männer erleben ihre Sexualität zunehmend als wenig befriedigend und leiden in erschreckend vermehrtem Maße unter ‹Funktionsstörungen› ihrer Sexualität.

4. Männer können sich mehr und mehr mit ihrer Berufstätigkeit nicht identifizieren; sie finden darin keinen Sinn mehr und kaum noch

Wert. In ihrem Privatleben sind sie oft nicht in der Lage, dieses De-
fizit auszugleichen (…).

5. *Männer vermissen in großer Zahl wirkliche Freunde. Ihre Bezie-*
   hungen zu anderen Männern sind meist konkurrenzbetont. Von
   daher getrauen sie sich gegenüber anderen Männern nicht wirklich
   zu öffnen. Männerbeziehungen bleiben also oberflächlich, besten-
   falls kumpelhaft.
6. *Männer beginnen ihre eingeschränkte Körperlichkeit und Sexuali-*
   tät vermehrt zu spüren und auch als Defizit zu erleben. Sie wün-
   schen sich Änderung und schauen vielfach eifersüchtig auf die grö-
   ßere Erlebnisfähigkeit von Frauen.
7. *Männer erkennen zunehmend, dass es ihnen an sinnvollen Bewäl-*
   tigungsstrategien für ihre Probleme fehlt. Flucht in die Arbeit, Al-
   kohol, Krankheit oder Gewalttätigkeit werden als falsche Wege
   wahrgenommen. Vielfach fehlt es aber noch an lebbaren Alternati-
   ven.
8. *Manche Männer werden sich auch der kulturellen, sozialen und*
   ökologischen Folgeprobleme traditioneller Männlichkeit bewusst
   und suchen nach Auswegen.»

Von der Natur bevorzugt – oder: Das wahrhaft «starke Geschlecht»

Die von Walter Hollstein resümierte Krise des modernen Mannes
ist ein weltweit zu registrierendes Problem, wobei die Männerfor-
schung in Deutschland im Vergleich zu den USA noch in den Kin-
derschuhen steckt. Dort bilden die sogenannten «Men's Studies»
bereits seit Mitte der achtziger Jahre ein eigenständiges For-
schungsfeld. Doch egal in welchem Land, wer auch immer sich
wissenschaftlich mit der aktuellen Lage des Mannes befasst, stößt

stets auf die gleichen Defizite: eingeschränktes Gefühlsleben, begrenztes Lustempfinden, verkümmernde Beziehungen, steigender Leistungsdruck, schwindender Berufsspaß, erhöhte Krankheitsanfälligkeit, verkürzte Lebenserwartung.

Die Fakten sind bisweilen alarmierend: Die männliche Fruchtbarkeit hat sich binnen weniger Jahrzehnte halbiert. In den westlichen Ländern übertrifft die Lebenserwartung der Frauen die der Männer immer deutlicher. Während in Deutschland der weibliche Vorsprung in den letzten hundert Jahren von drei auf sieben Jahre anstieg, kletterte er in den Vereinigten Staaten im selben Zeitraum gar von zwei auf acht Jahre. In den USA sprechen Ärzte inzwischen vom typischen Softie-Patienten. Gemeint sind jene Männer, die über generelle Kraftlosigkeit klagen, über Müdigkeit in Beinen, Armen und Penis berichten. Dazu passt die folgende Statistik: Umfragen zufolge haben Ehepaare nur noch ein- bis viermal im Monat Geschlechtsverkehr – vor allem dank der gestiegenen männlichen Zurückhaltung. An den Frauen kann es kaum liegen. Schließlich ist klinischen Beobachtungen zufolge die weibliche Sexualität von ihrer Anlage her unersättlich.

«Früher gab es Männer, heute nur noch Schlappschwänze», bestätigt auch meine Freundin Moni. Und sie scheint Recht zu haben, im wahrsten Sinne des Wortes: Während 63 Prozent der deutschen Männer sich für tolle Liebhaber halten, erklären 76 Prozent der Frauen, sie wären sexuell frustriert – so das Ergebnis einer repräsentativen Umfrage.

Nicht nur die Auffassung, Männer wollten und könnten immer, erweist sich zunehmend als Legende – nein, Mann muss auch von vielen anderen Vorstellungen Abschied nehmen, die ihm über Generationen hin eingebläut wurden und an deren vermeintlicher Wahrheit er sich nur zu gern erfreute. Dazu gehört etwa die jahrhundertealte Mär von der größeren Intelligenz der Männer, die sich im Spiegel der modernen Wissenschaft erledigt hat. Frauen sind Männern von Kindheit an sprachlich überlegen. Mädchen beginnen früher mit dem Sprechen, formulieren besser, besitzen einen größeren Wortschatz. Auch beim Lesen liegen die Mädchen vorn: Sie beginnen früher damit und erlernen es wesentlich schneller als ihre männlichen Altersgenossen. Bei Intelligenztests schneiden Jungen schlechter ab.

Und neue biochemische Untersuchungen belegen, was Frau eigentlich schon immer hätte wissen müssen: Frauen verfügen über größere Widerstandskräfte als Männer und sind demzufolge gesünder. Für nahezu alle nur erdenklichen Krankheiten sind Männer anfälliger, vor allem für Infektionen, Geschwüre und Herz-Kreislaufprobleme. Darüber hinaus ist der männliche Organismus empfindlicher gegenüber Traumata und Stress. Zwar gehen Männer zu 25 Prozent seltener zu Ärzten, liegen im Krankheitsfall aber bis zu 15 Prozent länger im Krankenhaus.

Schon ein männlicher Säugling unterliegt erheblich höheren Risiken als ein weiblicher und ist anfälliger gegenüber Krankheiten. Die weiblichen Vorteile schlagen auch im jugendlichen Alter zu Buche. Die französische Ärztin und Psychoanalytikerin Colette Chiland führte über 15 Jahre eine Langzeituntersuchung an 8000 Jugendlichen durch und kam dabei unter anderem zu folgenden Ergebnissen: Jungen haben bis zu sechzehnmal mehr psychische Schwierigkeiten als Mädchen, ob es nun um gravierende Krankheitsbilder geht oder um Schulprobleme, um Bettnässen oder Nägelkauen. Zwei Drittel aller Sitzenbleiber sind Jungen. Und Jungen sterben häufiger als Mädchen. 80 Prozent aller Todesfälle von Jungen im Alter zwischen 15 und 24 Jahren sind durch Unfälle, Selbstmord oder Totschlag verursacht. Kurzum: Von der Geburt bis zum Tod geht es Frauen sowohl physisch als auch psychisch besser. Dafür spricht auch, dass doppelt so viele Männer zwischen 18 und 59 zu Drogen – ob Joint, Ecstasy oder Aufputschmittel – greifen.

Die Entstehung der Legende von der Überlegenheit des Mannes

Vieles von dem, was Mediziner, Psychologen, Soziologen und Pädagogen über die wirklichen Unterschiede der Geschlechter herausgefunden haben, hat mit Sicherheit schon in der Vergangenheit gegolten. Zum offensichtlichen Problem aber konnte es erst in dem Moment werden, als Frauen in die Offensive gingen und an einem Rollenbild rüttelten, das sich über die Jahrhunderte hin verfestigt hatte.

Die Entstehung des Patriarchats und die damit verbundene Unterdrückung der Frau, das kann man in zahlreichen Büchern nachlesen, war ein Prozess, der sich über Jahrtausende hinzog. Der entscheidende Schritt zur Verfestigung jenes Mann-Frau-Verhältnisses, mit dem viele von uns noch aufgewachsen sind, liegt vergleichsweise kurz zurück. Sozialgeschichtler datieren dies auf den Übergang vom 16. zum 17. Jahrhundert. In jener Epoche löste die Naturwissenschaft die Religion ab, erlebte die Technik gewaltige Qualitätssprünge, machten sich die Europäer auf in andere Kontinente, entstanden neue Märkte, überwand die kapitalistische Produktionsweise den Feudalismus. Der englische Philosoph und Staatsmann Francis Bacon, der als Vater der modernen Wissenschaft gilt, postulierte die Herrschaft des Menschen über die Natur mittels Vernunft und Technik.

«Vor allem für den Mann änderte sich das Verhältnis zur Natur ganz entscheidend und für die Zukunft folgenreich», kommentiert der Soziologe Hollstein diesen Schritt. Seine amerikanische Kollegin Carolyn Merchant formuliert es so: Der Mensch, das heißt im 17. Jahrhundert vor allem der Mann, gewinnt Macht, indem er das Irrationale der Natur mittels Technik in rationale Ordnung verwandelt. Der männliche Verstand soll über die entzauberte Natur und ihre Kreaturen gebieten. Wissen ist Macht und kennt keine Schranken. Und Technik ist das Wesen dieses Wissens.

Als fast logische Folge daraus ergibt sich die notwendige Disziplinierung der Frau. Der Schweizer Reformator Johannes Calvin beispielsweise forderte ganz offen, der Mann habe als Hüter der Vernunft das Regiment im ehelichen Leben zu führen und die Frau ihm dabei als Leib zur Seite zu stehen. Die Frau als reines Naturobjekt, gerade mal gut zur Arterhaltung und artigen Mannespflege – sind das nicht tatsächlich die Lehren, die zumindest die Älteren unter den Lesern von ihren Eltern und Lehrern zu hören bekommen haben?

Die im 17. Jahrhundert entstandene Männerdomäne wird übrigens von keinem männlichen Historiker bestritten – einer der wenigen Punkte, in denen Mann kollektiv und kompetent die Wahrheit verkündet. Selbstbewusst sprechen Wissenschaftler von der Männlichwerdung der Wissenschaft. Während Begriffe wie Vernunft, Technik, Finanzen und Wissen den Männern attestiert werden, gehören Unvernunft, Chaos, Lust, Gefühl und die inzwischen besiegte Natur exklusiv den Frauen. Und zugleich war das 17. Jahrhundert auch das Jahrhundert der Enteignung einstmals auch männlicher Fähigkeiten. Der Mann verlor Eigenschaften, die viele Frauen noch heute bei ihm vermissen: Verletzlichkeit, Hingabe, Emotionalität, Mitgefühl, Fürsorge.

Die Schere zwischen Mann und Frau klaffte fortan immer weiter auseinander. Die industrielle Revolution, die 1769 mit der Erfindung der Dampfmaschine begann, verstärkte das gesellschaftliche Auseinanderleben zusätzlich. Während in der Agrargesellschaft Frauen und Männer noch zusammenarbeiteten, wurden jetzt zum ersten Mal in der Geschichte Arbeit und Familie, Öffentlichkeit und Privatsphäre vollständig voneinander getrennt. Wie fortan die Rolle der Frau aussah, bringt wiederum Walter Hollstein auf den Punkt:

«Ihre Leistung in der Gesellschaft wird nicht mehr anerkannt. Die Frau ist in der bürgerlichen Gesellschaft Hausfrau und ihre Arbeit im Wesentlichen Hausarbeit. Die Frau wird gefühlvolle Hüterin des Heims, der Mann willensstarker Herrscher der Außenwelt.» Für die Entwicklung von Männlichkeit sei damit verbunden, dass der Mann seine Gefühlsqualitäten abspaltet und sich auf Vernunft, Leistung und Herrschaft konzentriert. Seine von sich abgespaltene Gefühlswelt überreicht der Mann ohne Zögern der Frau und attestiert ihr dann den Inhalt als typische und meist sogar ausschließlich weibliche Eigenschaften: Pflege, Fürsorge, Hausarbeit und Erotik zugunsten des Mannes.

Auf diesem Fundament erklärt sich für mich männliches Verhalten Frauen gegenüber. Und umgekehrt. Wer Macht und Kontrolle, Härte und Leistung so viele Jahre lang als rein männliches Statussymbol ansah und gleichzeitig Häuslichkeit, Emotionalität, Unbedarftheit, Unwissen und Unlogik als typisch weibliche Eigenschaften definierte, der muss ganz einfach eine vorgeprägte Verhaltensweise Frauen gegenüber an den Tag legen. Und Frau kann Mann darob nicht einmal so richtig böse sein. Schließlich hat sie das Feld mehr oder weniger auch freiwillig geräumt.

Schwule, Neutralos und Heteros – oder: Die Antworten der Männer auf die Krise ihres Geschlechts

Die männliche Haltung Frauen gegenüber würde sich vermutlich nie ändern, solange unser Geschlecht brav mitmacht. Gerade in dieser Hinsicht hat sich jedoch in den letzten drei Jahrzehnten einiges geändert: Frau ist vielerorts nicht mehr bereit, überlieferte Verhaltensmuster als gottgegeben hinzunehmen, sondern leistet Widerstand. Die Folge: Das einst so starke Geschlecht ist völlig verunsichert, immer mehr Männer suchen immer neue Wege, ihre Rolle neu zu bestimmen.

In seinem Buch *Nicht Herrscher, aber kräftig. Die Zukunft der Männer* widmet sich Walter Hollstein, dessen Ausführungen mir tiefe Einblicke in das historische und aktuelle Geschlechterverhältnis gegeben haben, ausführlich diesem Thema.

Hollstein unterscheidet drei Grundhaltungen in der heutigen Männerwirklichkeit: *Schwule, Neutralos und Heterosexuelle.* Die Homosexuellen bilden seit jeher eine Art geschlossene Gesellschaft, die sich allerdings in den letzten Jahren mehr und mehr outet. Bei den Neutralos handelt es sich um Männer, die sich sowohl Frauen als auch den eigenen Geschlechtsgenossen verweigern. Ihre Zahl nimmt stetig zu. Es sind vor allem Frauenabtrünnige, Männer, deren Beziehung zum weiblichen Geschlecht gestört ist, nicht zuletzt als Folge der Emanzipation. Diese Gruppe lebt quasi geschlechtsneutral, weil sie einer sachlich-fairen Auseinandersetzung mit Frauen nicht gewachsen ist und auch dem eigenen Geschlecht nichts abgewinnen kann. Neutralos wollen mehr oder weniger ihre Ruhe haben und jedwedem Beziehungsstress aus dem Weg gehen.

Die größte Gruppe bilden jedoch nach wie vor die Heterosexuellen, die sich wiederum in die unterschiedlichsten Typen von Männern aufsplitten. Hollstein hat sie in diverse Kategorien eingeteilt: *Gestresste, Desorientierte, Depressive, Indifferente, Chauvis, Machos, Opportunisten, Schuldbeflissene, Softies, Imitanten und Veränderer.* Jeder dieser Typen von Männern reagiert auf seine ganz bestimmte Weise darauf, dass seit einigen Jahren in der Geschlechterwelt nichts mehr so ist, wie es einmal war. Die wichtigsten Einschätzungen von Professor Hollstein will ich für meine Leser und Leserinnen kurz zuammenfassen:

Die *Gestressten* sind eine Gruppe von Männern, die mit dem neuen Selbstverständnis ihrer Frauen nicht zurechtkommen. Dieser Typ Mann muss zum Beispiel miterleben, wie seine Partnerin sich einen Job sucht und damit seinen Anspruch, die Familie alleine ernähren zu können, infrage stellt. Dies ist für ihn ein Schlag ins Gesicht. Denn von einem Tag auf den anderen wird ihm eine Neudefinition seiner ganzen Existenz abverlangt. Bei manchen löst dies eine Krise aus, sie zeigen Stress-Symptome.

Die *Desorientierten* wiederum versuchen, sich möglichst rasch am neuen Lebensentwurf der Partnerin zu orientieren und um des lieben Friedens willen alle Schritte ihrer Frau zu akzeptieren. Sie bemühen sich um Toleranz, wenn Frau öfter als zuvor abends etwas ohne den Ehemann unternimmt, diskutieren mit der Partnerin deren Berufspläne und organisieren mit Eifer ihren Teil der Hausarbeit. Allerdings wundern sie sich, wenn nicht alles, was sie tun, honoriert oder geschätzt wird. Und da Frauen gemeinhin schneller umdenken können als Männer, befinden sich diese ständig in einer Reaktionsphase. Je flotter sich bei Ihr ein Wandel vollzieht, desto größer ist beim Ihm die Verunsicherung. Die neuesten Entwicklungen der Gentechnik tragen auch nicht gerade dazu bei, diese Männergruppe in ihrem Selbstbewusstsein zu stabilisieren: Im Zeitalter des Klonens muss Mann befürchten, dass Frau ihn im schlimmsten aller Fälle nicht einmal mehr zum Zwecke der Zeugung braucht.

Die *Depressiven* sind laut Hollstein von der Veränderung ihrer Frauen emotional total überfordert. Nicht nur, wenn sie von ihrer Partnerin verlassen werden, jedoch in diesem Fall in besonderem Maße, können depressive Männer diese Situation nur noch leidend, wehklagend und verzweifelt ertragen. Ihr mangelndes Selbstwertgefühl sorgt auch vermehrt für extreme körperliche Reaktionen wie Bulimie (Ess-Brechsucht) und Anorexie (Magersucht), wobei diese beiden Formen von Essstörungen ironischerweise als typische Frauenkrankheiten gelten.

Die *Indifferenten* reagieren auf das veränderte Verhalten der Frauen mit Passivität: sie verdrängen, ignorieren und spielen den Unbeteiligten. Sie wollen am Prozess der Veränderung ihrer Frauen nicht teilhaben und sich schon gar nicht mit der Frage auseinandersetzen, was der Wandel für sie persönlich bedeutet. Frauen können diese Haltung fehlinterpretieren – Ignoranz als Toleranz deuten, Verdrängung als Bewältigung, Teilnahmslosigkeit als Großzügigkeit. Diese Männer haben sich zwar zum Teil von alten Mustern gelöst, stimmen aber auch den neuen nicht zu. Mit 32 Prozent stellt diese Gruppe Umfragen zufolge die größte Fraktion der deutschen Herren-Heteros.

Die *Machos* bestehen im Verhältnis Mann-Frau auf dem vermeintlichen «Urzustand»: der Mann ist Herrscher, die Frau ihm untertan. Sie lehnen Veränderung der Geschlechterrollen grundsätzlich ab. «Aggressiv in der Außenwelt und dominant im Privatbereich, verteidigt der Macho die jahrhundertelange männliche Vorherrschaft», hält Hollstein fest. Ehefrauen, die ihr neues Rollenverständnis einem so gestrickten Exemplar der Gattung Mann gegenüber durchsetzen wollen, stehen vor einem großen Problem.

Wie es scheint, befinden sich sehr viel mehr Frauen als vermutet in dieser Situation. Bei einer Emnid-Umfrage identifizierte sich fast jeder zweite deutsche Mann mit Draufgängern wie Götz George oder Heiner Lauterbach. Im Auftrag des SPIEGEL legten die Meinungsforscher den Befragten eine Liste von neun prominenten deutschsprachigen Film- und Fernsehstars vor, neben Macho-Typen vermeintliche Softies wie Wigald Boning und angebliche Normalos wie Robert Atzorn. Welche Namen für welches Naturell stehen, sagten die Interviewer nicht. Auf die Frage, welchem Typ sie sich am ehesten verwandt fühlen, nannten 17 Prozent George und 13 Prozent Lauterbach. Zusammen mit den 6 Prozent, die in Arnold Schwarzenegger ihr Vorbild sehen, sprachen sich also 36 Prozent für Macho-Typen aus. Am Ende der Tabelle stehen – wirkliche oder scheinbare – Softies wie Sascha Hehn, Otto Waalkes und Wigald Boning.

Auch die *Chauvis* sterben natürlich nicht aus. Zwar stellen sie unter den heterosexuellen Männern keine Mehrheit dar, eine respektable Minderheit aber sind sie noch immer. Und ich fürchte, das wird auch so bleiben. Frauen sind für sie Schmuckstücke, Zeitvertreib, Bedienstete. Der Chauvi ist Frauen gegenüber machtbewusst, cool, distanziert, unabhängig, hart und kontrolliert. Er fühlt sich immer ein bisschen wie John Wayne, der sich nach einem Ritt durch die Prärie von einer Schönen einen Becher Wasser reichen lässt, dabei aber selbstverständlich auf dem Pferd sitzen bleibt.

In einem SPIEGEL *special*-Heft fand ich das entlarvende Bekenntnis eines Chauvi-Verführers, der über seine Anmacher-Tour schrieb: «Es gibt eine gute Mischung – charmant und frech, ihr gleich eins auf den Deckel geben, anlocken und zurückschubsen, das zieht unheimlich. Je hübscher die Frauen sind, desto mehr kannst du sie auch mal runtermachen. Jedenfalls brauchst du nicht noch ihre Schönheit zu bestätigen. Kurz: Du bist interessant, wenn du sie liebst, trittst und küsst. Die meisten Männer haben zu viel Ehrfurcht vor der Frau …»

Immerhin ist der Mann ehrlich. Aber: Gnade Gott jener Frau, die einen Chauvi in ein Gespräch über Emanzipation zieht, geschweige denn bei einem solchen Exemplar Gleichberechtigung praktizieren möchte. Dann reagiert er wütend. Kein Wunder: Schließlich hat er doch den Wohlstand geschaffen und verdient er das Geld. Dafür darf er seinen Preis fordern und Anerkennung verlangen.

Die *Opportunisten* sind laut Hollstein diejenigen, die wissen, dass sich der Wind der Geschichte gedreht hat, aber nicht die Energie aufbringen wollen, gegen den feministischen Strom anzuschwimmen. Bei offenen Auseinandersetzungen mit Frauen passen sie sich an und sondern Lippenbekenntnisse ab, doch Taten lassen sie nicht folgen. Am liebsten halten sie sich im Hintergrund und ziehen es vor, zu manipulieren und intrigieren, statt offen zu kämpfen. Sie zählen zweifellos mit zur unangenehmsten Sorte Männer, weil sie mit gespaltener Zunge reden.

Von einem besonders krassen Beispiel hierfür las ich in einer Tageszeitung. Nachdem seine Frau den Wunsch geäußert hatte, einer Halbtagsbeschäftigung nachgehen zu wollen, tat ihr Mann so, als würde er diese Idee unterstützen. Insgeheim aber torpedierte er die Anstrengungen der Gemahlin und sorgte dafür, dass sie bei verschiedenen Firmen abblitzte. Seine Intrige: Er bot seiner Frau an, die Bewerbungen für sie abzuschicken, und manipulierte die Unterlagen so, dass sie ihr schaden mussten. Als die Sache herauskam, ließ die Frau sich scheiden.

Die *Softies* sind für Männerforscher wie Hollstein «die verunsicherten Säusler, die sich den Forderungen der Frauen defensiv anpassen». Sie nehmen scheinbar ihre eigenen Bedürfnisse zurück und stellen sich verbal ganz aufs andere Geschlecht ein. Wie Papageien plappern sie nach, was Frauen fordern. Und manch einer ist sich nicht mal zu blöde, den Feministen zu spielen. Der Softie ist der Inbegriff des unglücklichen Bewusstseins beim Mann. Er leidet darunter, einem Geschlecht anzugehören, dem er die Kollektivschuld an der Unterdrückung der Frau, an Zerstörung der Umwelt, Krieg und allen anderen Übeln der Menschheitsgeschichte anlastet. Er möchte deshalb nur noch sanft, sensibel und friedliebend sein. Damit glaubt er das weibliche Geschlecht tief beeindrucken zu können. Doch meist ist das Gegenteil der Fall. Softies werden vielfach als Memmen angesehen, die sich selbst verleugnen, und Psychotherapeuten haben bei diesem Typ Mann starke Störungen des Selbstwertgefühls diagnostiziert.

Die *Schuldbeflissenen* sind Softies mit einem zusätzlichen Schuldkomplex. Sie meinen, die gesamte Schuld für die Unterdrückung der Frau auf ihren Schultern tragen zu müssen, und erzählen jedem, ob er es hören will oder nicht, dass nur die totale Verweiblichung die Menschheit vor dem Untergang retten könne. Ich selbst traf ein solches männliches Exemplar auf einer Party. Kaum hatte er sich vorgestellt, meinte er: «Früher war ich ein richtiges männliches Chauvi-Schwein.» Heute aber sei er das genaue Gegenteil. Wenn er sich nun für eine Frau sexuell interessiere und sie verführen wolle, würde sich sofort sein schlechtes Gewissen melden, denn: «Hinter so einer Absicht steckt ja eine ganze Menge Menschenverachtung.» Wenn Sie mich fragen: Ich fühle mich nicht unbedingt verachtet, wenn sich ein Mann für meine Figur interessiert.

Die *Imitanten* erkennen die historische Leistung der Frauenbewegung an, reklamieren sie aber sogleich für sich. Dank der Emanzipation, behaupten diese Männer, hätten sie neue Lebensenergie geschöpft und ihre Weltsicht verändert. Sie glauben, der Feminismus würde ihnen verlorenen Lebensmut zurückgeben, und nehmen alle Segnungen des weiblichen Aufbruchs passiv und imitatorisch hin. Die größte Gefahr, der dieser Typus Mann unterliegt, ist Kritiklosigkeit.

Die *Veränderer* schließlich sind diejenigen, die frühzeitig begriffen haben, dass sie von der Frauenbewegung lernen können, indem sie sich selbst verändern. Sie verstehen die Wut der Frauen über die jahrhundertelange männliche Vorherrschaft, stecken aber nicht den Kopf zerknirscht in den Sand. Veränderer wissen, wo sie Gleichberechtigungziele der Frauen solidarisch zu unterstützen haben, aber sie erkennen auch, wo sie sich als Mann zur Wehr setzen müssen. Sie akzeptieren, dass sie ein Stück Macht abgeben müssen, sehen aber zugleich, dass sie dafür auch in den Genuss von mehr Freiheit kommen, weil weniger Macht auch weniger Bürde bedeutet.

Und die Veränderer sind tatsächlich deutlich auf dem Vormarsch: Der Wiener Sozialwissenschaftler Paul Zulehner und sein Kollege Rainer Volz vom Sozialwissenschaftlichen Institut der Evangelischen Kirche in Deutschland (EKD) haben bei einer vom Bundesfamilienministerium mitfinanzierten Studie immerhin 19 Prozent «neue Männer» ausgemacht. Jeder fünfte deutsche Mann hat sich danach vom klassischen Rollenbild verabschiedet. Der «neue Mann» ist nach Definition der beiden Forscher partnerschaftlicher eingestellt, hat mehr Zugang zu seinen Gefühlen, neigt weniger zu Gewalttätigkeit, akzeptiert Frauen als Kolleginnen und Vorgesetzte und ist bereit, zur Entlastung seiner Frau Vaterschafts- und Erziehungsurlaub zu nehmen. Aber Vorsicht, meine Damen, es gibt keinen Grund zum Jubeln: Nach wie vor lehnt die überwiegende Mehrheit der Männer (60 Prozent) eine Frau als Vorgesetzte ab.

«Wenn Frauen nicht mehr lieben ...» kommt der neue Mann?

So weit Walter Hollsteins Kategorien von Männertypen. Ich denke, jeder wird in seinem Bekannten- und Freundeskreis genügend Männer haben, die sich leicht der einen oder anderen dieser Rubriken zuordnen lassen. Natürlich sind die Übergänge oft fließend, besonders bei sehr nahen Verwandten wie Chauvi und Macho oder Schuldbeflissenem und Softie. Und weil die Abgrenzungen oft schwierig sind, möchte ich Walter Hollsteins Sammlung noch um vier Gruppen erweitern, die meines Erachtens im Gros der heterosexuellen Männer ebenfalls keine unwichtige Rolle spielen.

Die *Verkannten* haben in aller Regel das Pech, mit einer Feministin verheiratet zu sein. Staubsaugen können sie schon, das hat ihnen ihre Mutter beigebracht. In der Ehe lernen sie, dank ihrer Ehefrau, Kochen, Waschen und Bügeln dazu. Wenn ihre Partnerin schwanger wird, gehen sie selbstverständlich mit zur Schwangerschaftsgymnastik. Am Ende beherrschen sie Atemrhythmen und Beckenübungen besser als die Ehefrau, was ihnen den besten Zuschauerplatz im Kreißsaal einbringt. Während der Geburt erklären sie der Schwangeren so lange, wie sie sich zu verhalten habe, bis sie aus dem Raum geworfen werden. Sie investieren größte Mühen und ernten Undank. Später füttern sie den Nachwuchs, wechseln die Windeln und spielen den Babysitter, damit ihre Frau zur Grünen-Versammlung gehen kann.

Die Gattinnen der Verkannten finden es normal, dass der Mann seinen Teil im Haushalt leistet. Deswegen loben sie ihn auch nicht, wenn er den Abwasch macht oder Staub wischt. Während die Ehefrauen von Chauvis ihren Freundinnen beim Kaffeeklatsch stolz erzählen, wie ihrer neulich nach nur dreimaligem Bitten ganz alleine seine Tasse in die Küche gebracht hat, kolportieren die Frauen von Verkannten eher, dass ihrer letzte Woche beim Waschen ihre beste weiße Bluse versaut hat. Bei einer Fernsehsendung über diese Männer wurde eines deutlich: Besonders glücklich sahen sie nicht aus.

Die *Impotenten* sind erstaunlicherweise weniger unter den Männern mittleren Alters zu finden, sondern es sind gerade die jungen Männer, die auffallend oft unter einer immer stärker um sich greifenden psychogenen Impotenz leiden. Die Psychotherapeutin Eva Julia Fischkurt bedauert in ihrem provozierenden Buch *Wenn Frauen nicht mehr lieben* die Männer. «Die konzentrierte, jahrzehntelange Infragestellung von Männlichkeit musste ihre Spuren hinterlassen», schreibt sie, «und die sexuelle Potenzstörung dürfte auch für Frauen alarmierend sein. Sexuelle Impotenz setzt dem Mann mehr als alles andere zu. Ich wage zu behaupten, dass der prominenteste Stressfaktor beim Mann heute nicht in erster Linie seine Arbeitssituation ist, sondern die kontinuierlichen Infragestellungen sowie das parallel dazu auftretende Liebesdefizit und die Nichtanerkennung männlicher Qualitäten durch die Frauenwelt. In seiner Identität ist der Mann abhängiger von der Frau als sie von ihm.» Das bitterböse Fazit der Autorin: «Wenn die Frauen mit der Diskriminierung des Mannes weitermachen wie bisher, dürften sie bald auf die Samenbanken von Drittweltländern zurückgreifen müssen.»

Die *Schweiger* rekrutieren sich hauptsächlich aus jener Gruppe Männer, die sexuellen Frust mit sich herumschleppen. «Ein Mann, der über seine sexuellen Probleme spricht, muss befürchten, aus der Gruppe der normalen Männer ausgeschlossen zu werden», schreiben Dieter Schnack und Rainer Neutzling, der eine Pädagoge, der andere Soziologe, in ihrem Buch *Der Alte kann mich mal gern haben!*. Weil im Zuge der Frauenbewegung die weibliche Sexualität zum öffentlichen Thema gemacht wurde, können die Frauen über sexuelle Probleme untereinander besser kommunizieren. Männer dagegen verfallen in Schweigen, wenn das Bett zum Kriegsgebiet geworden ist, in dem man sich nicht liebt, sondern gegenseitig kränkt; wenn man nur noch selten sexuellen Kontakt mit dem Partner hat; wenn Mann Probleme mit Erregbarkeit, Erektion oder Ejakulation hat; wenn Mann damit fertig werden muss, dass die Partnerin sowohl in sexueller Hinsicht als auch im Alltag die Hosen anhat und so weiter.

Die *Progressiven* schließlich sprechen nicht mehr von Emanzipation, sondern von Mannzipation. Diesen Begriff prägte die amerikanische Trendforscherin Faith Popcorn und meint damit den Mann 2000 – den Mann, der sich nicht mehr seiner Tränen schämt und doch weit vom Softie entfernt ist. Dieser Typus Mann begibt sich ebenso selbstverständlich zu einer Schönheitsoperation wie viele Frauen. Äußerlich bevorzugt er den androgynen Look, etwa gekennzeichnet durch lange, offene Haare, mehrere Ohrringe, eng sitzende Kleidung und hochhackige Stiefel. Er ist schlank und rank, aber nicht sonderlich muskulös. Und er trägt auch schon mal einen Rock, ohne deshalb gleich als Schotte, Transvestit oder Karnevalsjeck angesehen zu werden.

Aber die Mannzipation soll noch etwas ganz anderes, geradezu Unvorstellbares bringen: den Mann, der Kinder bekommen kann. In der *New York Times* fand ich einen Artikel mit der Überschrift «Wie man einen Mann schwanger machen könnte». Für die Wissenschaft scheint die Lösung dieses Problems nur noch eine Frage der Zeit zu sein. Einige Forscher arbeiten durchaus ernsthaft an der Realisierung dieses Vorhabens: Mit der entsprechenden medizinischen Manipulation könnte ein im Reagenzglas befruchteter Embryo auch in der Bauchhöhle eines Mannes ausgetragen und dann per Kaiserschnitt herausgeholt werden.

Die Gene sind an allem schuld – oder:
Wenn Mannsein zur Falle wird

Testosteron heißt der Stoff, der die Hauptschuld daran haben soll, dass Männer so sind, wie sie sind. Ein männliches Baby hat viel davon im Blut, ein weibliches wenig. Daraus, so folgern Geschlechtsforscher, leitet sich alles ab: dass kleine Jungs mit Pistolen und nicht mit Puppen spielen; dass sie besser rechnen können; dass sie, wenn sie groß sind, sich lieber prügeln als das andere Geschlecht und diesem anderen Geschlecht häufiger nachstellen. Auch das Corpus Callosum, ein Gewebeband, das für die Kommunikation zwischen den beiden Gehirnhälften sorgt, trägt seinen Teil dazu bei, dass Männer anders denken, fühlen und handeln als Frauen.

Biologen, Genetiker und Evolutionsforscher können uns heute vielerlei interessante Fakten auflisten, worin sich Männer und Frauen unterscheiden; und sie liefern Erklärungen für die Folgen dieser unterschiedlichen genetischen Disposition gleich mit.

Wenn Frau ein paar dieser Fakten kennt, dürfte ihr so manches klar werden. Etwa weshalb er nasse Handtücher in der Ecke liegen lässt, stinkenden Hausmüll ignoriert, leichter in Stress gerät, gesundheitlich anfälliger ist und womöglich auch, weshalb er bei bestimmten Dingen nicht die Wahrheit sagt. Alles entscheidet sich im Oberstübchen. Denn Männer und Frauen ticken im Kopf nicht richtig synchron. Dies hängt mit den unterschiedlichen Funktionen der beiden Hirnhälften zusammen. Links oben ist die Schaltzentrale für Logik, analytisches Denken, Pauken von Fakten wie Geschichtszahlen und Vokabeln; rechts oben werden Gefühle, Phantasie, Bilder und Kreativität mobilisiert. Die linke Hirnhälfte merkt sich den Namen einer Person, die rechte ihr Gesicht. Die moderne Hirnforschung, die fast täglich neue spannende Geheimnisse um den menschlichen Körper enträtselt, hat festgestellt, dass es auf die gleichmäßige Belastung beider Schaltzentralen ankommt. Nur dann ist der Verstand optimal eingesetzt.

Leider, leider aber ist Mann hier von der Natur etwas vernachlässigt worden: Das Gewebeband, das für die reibungslose Verständigung und den sinnvollen Informationsaustausch beider Hirnhemisphären sorgt, ist bei ihm um ein Viertel kleiner geraten als bei der Frau. Sie kann demnach den Verstand besser nutzen als Er. Hinzu kommt, dass das männliche Hormon Testosteron die Verantwortung für die langsamere Entwicklung der vom Mann bevorzugten linken Hirnhälfte trägt. Während Frau die beiden Teile gleichzeitig gebrauchen und Zusammenhänge schnell erfassen kann, setzt Mann erst mal einseitig nur den linken Teil ein.

Für die Zeitschrift *Cosmopolitan* hat die Journalistin Renate Finkeldey die Auswirkungen dieser Unterschiede einmal süffisant zusammengefasst. Wie sie das tat, gefiel mir sehr gut. Einige Beispiele gefällig? Bitte!

«Kann der Mann nicht alles können – wie alle Frauen auch? Nein, er kann nicht. Weil er ein Mann ist. Er hat vielleicht den besten Willen. Aber er hat ein kleines Corpus Callosum, er hat viel Testosteron, ein Y-Chromosom, eine Mutter und ein archaisches Programm als Höhlenmensch. Warum ein Handtuch, mit dem er sich abgetrocknet hat, als modrig-muffiger Knubbel in einer Ecke endet, lässt sich am ehesten soziologisch erklären: Der Urmann rubbelte sich, nachdem er in den See getaucht oder unter einen Wasserfall geraten war, mit ein paar Büscheln Gras trocken – und ließ das Gras an Ort und Stelle fallen. Bis es vermoderte, war er längst weg. Hat er denn nichts dazugelernt? Doch: Heute nimmt er ein Handtuch statt Gras. Merkt er, wenn das Handtuch modrig-muffig riecht? Nein. Der Geruchssinn wird vom weiblichen Geschlechtshormon Östrogen verfeinert, wovon der Mann ein bisschen, jedoch nicht genug hat. Aus diesem Grund nimmt er auch verschwitzte Bettwäsche und überquellenden Hausmüll nicht als Geruchsbelästigung wahr …»

In diesem Stil lässt sich beliebig fortfahren: Weshalb bedeutet für Männer ein Schnupfen schon einen Kampf auf Leben und Tod? Früher hat sie ein Bär erwischt, heute muss es daher mindestens ein Killervirus sein. Sind Männer also Hypochonder? Nein. Sie sind tatsächlich anfälliger. Frauen sind durch das Östrogen besser vor Herzkrankheiten geschützt. Außerdem ist ihr Immunsystem stabiler. Frauen haben 23 vollständige Paare des X-Chromosoms, das die genetischen Abwehrkräfte speichert. Beim Mann schwächt ein Y-Chromosom im 23. Paar den Organismus.

Oder: Weshalb geht Mann so schnell in die Luft, wenn Frau ihn kritisiert? Er produziert im Konfliktfall mehr Stresshormone wie Adrenalin und Cortisol als die Frau und baut diese Hormone langsamer wieder ab. Und weil er Streit und Stress möglichst immer aus dem Weg gehen will und eine bequemere Variante sucht, greift er zur Lüge. Denn Lügen lässt sich's leichter und ist offenbar stressfreier – zumindest anfangs und solange niemand unbequem nachfragt.

Summa summarum: Mannsein kann zur Falle werden, denn der Mann ist dem angeblich zwar schönen, aber schwachen Geschlecht genetisch in nahezu jeder Hinsicht unterlegen – sieht man einmal davon ab, dass der männliche Körper von Cellulite verschont bleibt. Einen kleinen Ausgleich hat sich die Natur also doch abringen lassen.

Männer werden nicht geboren – oder: Die Erziehung zum Mann

«Nicht dass ich nun großes Mitleid mit den Männern hätte», sagt die Psychotherapeutin und Autorin Eva Julia Fischkurt, «aber Tränen können einem schon bisweilen kommen, wenn man sieht, wie Männer heute überall, im Beruf und auch privat, immer mehr unter die Räder kommen. Wie sie oft einem Nervenzusammenbruch nahe sind und sich dennoch tapfer durch die antimaskuline westliche Welt hindurchkämpfen und durchzuhalten versuchen, obwohl sie immer öfter ans Auswandern denken müssen.»

Eva Julia Fischkurt hat sich selbst zur Anwältin der Männer ernannt: Männer erlebten Tag für Tag ihr blaues Wunder. Frauen griffen mächtig in die Tasten, wenn es darum gehe, dem Mann seine Schwächen aufzuzeigen. Unentwegt sei die Frau in der Offensive. Die Nachteile, ein Mann zu sein, wüchsen Tag für Tag. «Wo zusätzlich noch auf Schritt und Tritt der Stab über Männer gebrochen wird, wo Männer in keiner Weise mehr anerkannt, sondern nur noch zum Spott von Frauen und anderen geraten, müssen sie zwangsläufig Potenzprobleme bekommen», schreibt die «Männerbeauftragte». Die biologischen Geschlechtsunterschiede verlangten, dass sich der Mann vor der Frau immerfort beweisen müsse. Sie kann empfangen, koitieren, gebären, Lust passiv erleben, der Mann dagegen müsse ständig etwas leisten, um seine Erfüllung zu finden. «Was immer der Mann aber tut», so Fischkurts Fazit, «es befriedigt die Frau nicht.»

Unter dieser Dauerkritik an ihrem Geschlecht leidet eine bestimmte Gruppe von Männern ganz besonders – jene Männer mit einem zu kleinen Penis. Einer von ihnen, nennen wir ihn Walter, gehört zu den jährlich rund 1000 bis 1500 deutschen Männern, die sich seit Beginn der Neunziger für rund 15 000 DM ihr Zentralorgan chirurgisch verlängern lassen, weil sie sich nicht länger trauen, mit einem Penis von der Größe einer Rigatoni zu akquirieren.

«Die Frauen sagen immer, die Größe des Penis sei nicht entscheidend, aber sie meinen im Grunde genau das Gegenteil», behauptet Walter. «Ich fühlte mich vor der Operation nur als viertel Mann, danach endlich wie ein richtiger Kerl.»

Der Chirurg, bei dem Walter sein Glied von Rigatoni- auf Bananenlänge und -dicke erweitern ließ, bestätigte Walters Einschätzung. Viele seiner Patienten würden von ihren Frauen geschickt. Die hätten sich sonst scheiden lassen. Weshalb er hinterher, wenn alles verheilt und in Funktion sei, auch oft Dankesbriefe von weiblicher Seite erhalte.

Walter, vor dem Eingriff Junggeselle, ist mittlerweile verheiratet. Seiner Frau hat er nichts von seinen Erlebnissen beim Chirurgen er-

zählt. *«Das werde ich auch garantiert nicht tun»*, sagt er, *«ich möchte nicht noch im Nachhinein ausgelacht werden. Das habe ich lange genug ertragen müssen.»*

Das Selbstwertgefühl des Mannes, in diesem Punkt sind sich die Männerforscher einig, ist in der Beziehung zur Frau besonders empfindlich. «Die Angst, von einer Frau zurückgewiesen oder ausgelacht zu werden, ist nach meiner Erfahrung ein typischer Bestandteil sämtlicher an Männern ausgeführten Analysen», sagt die Psychotherapeutin Karen Horney. Die Wurzeln dieser Misere liegen in der Kindheit. Und die ist bei den meisten Jungen, ob sie dies nun zugeben oder nicht, mit Gefühlen für die Mutter verbunden. Ihr fühlen sie sich näher als dem häufig abwesenden Vater, und sie sind mit ihr lieber zusammen als mit ihm.

In der Pubertät kommt es dann meist zum Bruch mit der Mutter, oft schon etwas früher. Leider geht die Initiative dazu meist von der Mutter aus, indem sie ihren Jungen plötzlich auf die sogenannten männlichen Seiten seines Lebens hinweist: «So ein großer Junge weint doch nicht!», verkündet sie etwa. Oder sie verweigert dem Sohnemann beim Abholen von der Schule den Begrüßungskuss mit der Begründung, seine Klassenkameraden würden ihn womöglich auslachen. Mit einem Mal wird der Sohn, der die ersten Jahre seines Lebens Zärtlichkeit pur erlebte, von der Mutter auf Distanz gehalten, weil sie ihn nicht «verweichlichen» will. Er soll schließlich ein Mann werden.

Mütter, so haben Verhaltenspsychologen festgestellt, stellen Zärtlichkeiten bei ihren Söhnen gewöhnlich früher ein als bei ihren Töchtern. Gleichzeitig erfahren die Jungen ähnliche, meist noch stärkere Signale von ihren Freunden, Verwandten und selbst Lehrern, die sie darin bestärken, sich schnellstmöglich von der Mutter zu lösen. Worte und Sätze wie «Mamasöhnchen!», «Sei kein Waschlappen!» oder «Willst du denn kein Mann werden?» bekommt jeder Junge im Alter zwischen 10 und 14 Jahren gewiss mehr als einmal zu hören.

Die Folge dieser Entwicklung ist unter anderem eine stetig wachsende Distanz zur Mutter, was sich oft in Frechheiten ausdrückt. Etwa wenn der Dreizehnjährige mit zwei Freunden vor dem Fernseher sitzt, seine Mutter hereinkommt und empfiehlt, welche Sendung sie sich ansehen sollten. Je frecher dann die Antwort («Halt die Klappe, Mama!»), desto anerkennender das Lob der Kameraden («Toll, du lässt dir von deiner Mutter nichts mehr gefallen!»).

Um sich bei den männlichen Geschlechtskollegen Respekt zu verschaffen, legen Jungen das ab, was als kindliches oder weibliches Verhalten gilt. «Sich männlich verhalten heißt so viel wie das Gegenteil von weiblich sein», schreibt Shere Hite und folgert: «Das Brechen mit der Mutter in diesem Alter setzt die Jungen einer ernstlichen geistigen und gefühlsmäßigen Belastung aus. Die meisten bekommen Schuldgefühle. Sie empfinden, dass sie sich gegenüber einer Person, die sie lieben und die wiederum sie liebt, illoyal verhalten, glauben aber gleichzeitig, dass sie kaum eine andere Wahl haben.»

Für das Image eines Jungen ist es schädlich, mädchenhaft zu sein oder mit Mädchen zu spielen. Doch schon ein paar Jahre später, als junger Erwachsener, wird von ihm das Gegenteil erwartet: auf Frauen zuzugehen, womöglich auf eine ganz bestimmte, die zum Mittelpunkt seines Lebens werden soll. Und das, nachdem er doch gerade die Bindung zur Frau seines bisherigen Lebens, seiner Mutter, aufgrund einer diffusen Vorstellung von Männlichkeit gelockert hat.

«Jungen verübeln der Mutter, dass sie sie in einen Zwiespalt gestürzt hat», meint Walter Hollstein, «einerseits erfährt er konkrete Liebe, andererseits die Aufforderung, ein Mann zu sein – beides durch ein und dieselbe Person. Aus dieser ambivalenten Mutterbindung entsteht das Trauma der Männer. Fortan entwickelt sich bei ihnen das Bedürfnis, Beherrschung und Kontrolle durch Frauen vorzubeugen. Nur nie wieder dieses Trauma, nie wieder solchen Schmerz.»

Es liegt auf der Hand, dass viele Angehörige des männlichen Geschlechts aus ihren frühen Erfahrungen heraus eine geradezu zwanghafte Männlichkeit entwickeln. Sie zeigen rigide Reaktionen auf alles, was sie als nicht männlich ansehen: Angst, Abhängigkeit, Kontrollverlust. Dr. Herb Goldberg, Psychotherapeut in Los Angeles und einer der angesehensten Männerexperten Amerikas, schreibt hierzu:

«Indem Männer Ängste und Kontrollverluste leugnen, drängen sie sich selbst in eine Position von Männlichkeit im schlimmsten Sinne des Wortes. Ihre maskuline Zwanghaftigkeit bringt sie sogar in Lebensgefahr, beispielsweise wenn ein junger Macho sein Leben im Kampf um einen Parkplatz riskiert. Zum Macho wird Mann meistens aus dem Bedürfnis heraus, die starke weibliche Identifikation mit der Mutter zu bekämpfen. Machos blockieren unbewusst das kleine Mädchen, das in ihnen steckt.»

Bestes Beispiel für unerwünschten Kontrollverlust bei kleinen und großen Männern ist das Weinen. Tränen bedeuten, sich loszulassen, sich gehen zu lassen, die Beherrschung zu verlieren. Als der Kinofilm *Forrest Gump* mit Tom Hanks in Frankfurt am Main anlief, saßen unglücklicherweise sechs 16- oder 17-jährige in der Reihe vor mir. Sie waren schon laut grölend hereingekommen, Bierdosen in der einen, Popcorn in der anderen Hand. Zu Beginn des Films unterhielten sie sich weiter sehr laut, doch die Handlung nahm sie alsbald so gefangen, dass sie schließlich ruhig und friedlich waren. Mit Ausnahme jener Passagen, die auf die Tränendrüsen drückten. Da wurden sie plötzlich wieder laut, machten sich lustig und sonderten hämische Bemerkungen ab – eine eindeutige Gegenreaktion zu der Rührung, die sie zweifellos überfallen hatte. Aber dies war ihnen peinlich und unangenehm, und so flüchteten sie sich in ein Gejohle, das sie fraglos für männlicher hielten als die Tränen, die sie so unterdrückten.

Eine Frage an die Leserinnen dieses Buches: Erinnern Sie sich noch an den letzten tränenrührenden Film, den Sie gemeinsam mit Ihrem Partner gesehen haben? *Titanic* mit Kate Winslet und Leonardo DiCaprio oder *Das Leben ist schön* von und mit Roberto Benigni? Ich nehme an, dass Ihnen bei beiden Filmen die Tränen mehrmals nicht nur in die Augen stiegen, sondern diese auf natürliche Weise auch verließen, ohne dass Sie groß dagegen ankämpften. Und Ihr Mann? Ich bin sicher, dass er mit übermenschlicher Anstrengung seine Rührung zu unterdrücken suchte – und das mit allen zur Verfügung stehenden Tricks, wie etwa der geschickt getimten Motorik beim Augenlidschlag –, nur um ja nicht, peinlich, peinlich, sein Taschentuch herausholen zu müssen.

Männer sind Feiglinge – oder: Die Angst vor der Frau

Psychologen und Soziologen haben in der Vergangenheit schon häufig darauf hingewiesen, dass die ambivalente Haltung vieler Jungen ihrer Mutter gegenüber weit schlimmere Konsequenzen als die Bereitschaft zu ständigem Lügen und Täuschen haben kann, zum Beispiel Machtbesessenheit und Gewaltbereitschaft. Die Geschichte liefert hierfür zahlreiche Beispiele. Denn Diktatoren und Kriegstreibern wie Hitler, Mussolini, Stalin, Franco oder Himmler war eines gemeinsam: Sie alle wuchsen in enger Beziehung zu ihren Müttern auf, waren hochgradige Muttersöhnchen und hatten allesamt Versager-Väter. Sicher unterdrückten und vernichteten diese Männer nicht Millionen von Menschen, nur um ihren Vätern zu zeigen, wie ein Mann sich zu verhalten habe; aber dass ihr kindliches Dilemma die Persönlichkeiten dieser Männer als Erwachsene mitbestimmte, erscheint mir doch nicht zu weit hergeholt.

Auch die Tatsache, dass Männer sehr viel stärker als Frauen der Pornographie – und der Gewaltpornographie im Besonderen – zugeneigt sind, lässt sich aus diesem Phänomen ableiten: Um sich nie wieder einer Frau unterwerfen zu müssen, muss Mann sie zähmen und unter Kontrolle halten – notfalls mit Fesseln und Peitsche.

Welche Auswirkungen das klassische Mutter/Vater-Sohn-Verhältnis haben kann, schildert der Hamburger Paartherapeut Michael Mary, der davon ausgeht, dass Eheprobleme häufig auf die geschlechtsspezifischen Ängste und Enttäuschungen zurückgehen, die mit dem jeweiligen Verhältnis der Partner zu ihren begehrten, aber einengenden Müttern einerseits sowie den ebenfalls begehrten, aber häufig abwesenden Vätern andererseits zusammenhängen.

In Marys Praxis klagen Männer überwiegend so: «Frauen sind Nervensägen. Sie wollen ständig Aufmerksamkeit und zerren an uns.» Aus Frauenmund hört sich das ganz anders an: «Männer sind Feiglinge. Sie ziehen sich zurück, scheuen Auseinandersetzungen und verstecken sich. Um sich so verhalten zu können, greifen sie zur Lüge.»

Im Normalfall fühlt sich der Mann unter Druck gesetzt und flieht, während sich die Frau vernachlässigt fühlt und um Nähe zum Mann bemüht ist. Was Männer in der Paartherapie Frauen vorhalten, könnte ebenso gut die Klage eines Jungen gegenüber der Mutter sein: «Ständig soll ich ihr sagen, dass ich sie noch liebe. Dauernd soll ich etwas beweisen. Sie will mich anders, als ich bin. Sie will mich an ihrem Rockzipfel festbinden. Sie soll aufhören, an mir zu zerren …»

In gewisser Hinsicht ist die beschriebene zwiespältige Einstellung eines Jungen gegenüber der Mutter eine der Ursachen einer lebenslangen Angst des jeweiligen Mannes vor Frauen.

Männer, das geben viele von ihnen selbst zu, definieren ihre Geschlechtsidentität im Gegensatz zu Frauen negativ: Männlich ist, was nicht weiblich ist. «Das gelingt nur, indem die Erinnerung an das Weibliche der Mutter verdrängt wird, häufig genug mit Gefühlen von Ablehnung und Hass», erklärt Walter Hollstein die Folgen der Distanz zwischen Mutter und Sohn ab einem bestimmten Alter. «In jedem Fall entwickelt sich eine starke, dauerhafte Angst beim Jungen vor einer zweiten weiblichen Zurückweisung.»

Also leben viele erwachsene Männer in der ständigen Furcht vor einer zweiten Vertreibung aus dem Paradies. Weil das erste Liebesobjekt eines Jungen, die Mutter, mit Gefühlen von Ablehnung bis Abneigung besetzt wird, fürchte der Mann zeitlebens die Frau. So lautet die logische Schlussfolgerung der Männerforscher. Die «Ablehnung der Feminität» wäre mithin weitgehend eine Folge jener negativen Erziehungsmethoden, die Frauen selbst anwenden, um ihre Söhne Männlichkeit zu lehren.

Die Männer-Anwältin Eva Julia Fischkurt hat noch eine weitere Furcht-Variante ausgemacht: Weil sie immer mehr Angst vor Abfuhren hätten, seien Männer drauf und dran, sich das einst übliche offensive Werben um eine Frau vollständig abzugewöhnen. Zum einen würde die Anmache immer häufiger als Macho-Manier diskreditiert; zum anderen seien moderne Frauen längst dabei, sich den Mann höchstpersönlich zu erobern. «Die Angst der Männer vor der Verachtung durch die Frau hat einen historisch noch nie dagewesenen höchsten Pegelstand erreicht», lautet das Resümee von Eva Julia Fischkurt. «Es ist fünf Minuten vor zwölf.»

7. Können diese Augen lügen? Wie Frauen Lügen enttarnen und sich vor ihnen schützen können

Das ABC der Lügendetektivin

Dieses Jahrhundert hat uns schon viele sinnvolle Errungenschaften beschert – vom Penicillin bis zur Penisverlängerung, vom Antitranspirant bis zum Antidepressivum, von der Dauerwelle bis zur Mikrowelle. Allerdings: Nicht jede Erfindung ist jedermann bzw. jederfrau leicht zugänglich. Nehmen wir den Lügendetektor. Es wäre sicher nützlich, könnte man ein solches Gerät zu einem guten Preis erwerben. Frauen würden dann ihre Partner kurzerhand an einen solchen «Treue-Tester» anschließen – und schon wäre der Fall geklärt. «Hast du mich mit meiner besten Freundin betrogen?» Sollte das Gerät bei dieser Frage stark ausschlagen, wären weitere Fragen überflüssig, zu sagen blieben höchstens noch zwei Worte: «Und tschüs!»

Im Ernst: Natürlich würde diese Art von Wahrheitsfindung innerhalb einer Zweierbeziehung gleichzeitig auch ihr Ende bedeuten. Die Bedeutung des so wichtigen Begriffs «Vertrauen» wäre ad absurdum geführt. Im Übrigen bedarf es keiner Gerätschaft, um Lügenmänner zu entlarven. Auch mit Intuition, Feinfühligkeit und vor allem ausgeprägter Beobachtungsgabe kann es gelingen, männlichen Vorgauklern auf die Schliche zu kommen.

Dankenswerterweise haben sich Psychologen und Verhaltensforscher überaus gründlich mit der Kunst des Lügens und der Kunst, die Lügen zu erkennen, beschäftigt. Allen voran der Amerikaner

Paul Ekman (*Weshalb Lügen kurze Beine haben*), aber auch deutsche Wissenschaftler wie der Humanethologe Karl Grammer (*Signale der Liebe*). Sie geben in ihren Büchern Tipps und Anleitungen, wie auch ohne Detektor Lügnern das Handwerk gelegt werden kann.

Danach lautet das ABC des Lügen-Detektierens: A wie Augen, G wie Gesichtsausdruck, K wie Körpersprache, S wie Sprache und T wie Temperament. Das Zusammenspiel von Mimik, Gestik, Sprechweise und Tonfall kann nämlich selbst routinierte Lügner bloßstellen. Motto: Höre nicht auf das, was Lügner sagen; achte vielmehr darauf, wie und mit welchen Bewegungen sie etwas sagen.

Schau mir in die Augen, Kleiner! – oder: Was Blicke verraten

«Schau mich an», sagt die Mutter zu ihrem Kind, «ich sehe es doch deinen Augen an, dass du lügst!» Unzählige Male ist dieser elterliche Vorwurf so oder ähnlich gefallen. Bei dem Versuch, Lügen zu erkennen, unterstellen die meisten Menschen den Augenbewegungen ihres Gegenübers eine Hauptrolle, ganz gleich, ob er einen nun direkt ansieht oder nicht. Sowohl permanenter als auch fehlender Blickkontakt wird oft als schwerwiegendes Indiz für Lügen gedeutet. Doch Vorsicht: Bei der Augen-Analyse kann man sich ein blaues Auge holen und auf die Nase fallen.

Generell stellen Lügenforscher fest: Wer Augenkontakt total vermeidet, also nach unten oder ostentativ zur Seite blickt, verrät zumindest Unoffenheit. Geschulte Lügner aber konzentrieren sich gerade darauf, ihren Gesprächspartner im wahrsten Sinn des Wortes im Auge zu behalten. Lügenmänner haben also offenbar den berühmten Bogart-Satz aus *Casablanca* für sich passend umgemünzt: «Ich schau dir in die Augen, Kleine!»

Natürlich spielt auch die Veranlagung keine geringe Rolle. Ein schüchterner Typ neigt eher dazu, bei kritischen Fragen wegzuschauen, auch wenn er sich vielleicht keine andere Frau zu Schulden kommen ließ. Als Faustregel ist merkenswert, was schon Dory Hollander in ihrer Männer-Studie feststellte: «Lügner steuern ihr Verhalten.» Danach macht sich ein normalerweise zurückhaltender Mensch vielmehr durch ständigen Augenkontakt als durch scheues Wegblicken verdächtig.

Augenfällige Schlussfolgerungen können indes auch in die Irre führen: Angenommen, Sie überfallen Ihren Partner mit bohrenden Fragen wie etwa: «Wieso kommst du erst jetzt nach Hause?», und treiben ihn damit in die Enge; und angenommen, er würde dabei Ihrem aggressiven Blick ausweichen und während seiner Antwort zur Seite sehen: In diesem Fall muss seine Reaktion noch lange nicht bedeuten, dass Sie ins Schwarze getroffen haben. Bei harten Attacken können Wegschauen oder nervös schweifende Blicke ebenso gut ein Zeichen für natürliche Schamgefühle oder Verblüfftsein, vielleicht sogar Schock bedeuten. Herauszufinden gilt: Vermeidet jemand Blickkontakt, weil er lügt, oder wurde er durch eine vorausgegangene Überraschungsoffensive einfach nur erschreckt?

Täuschung und Selbsttäuschung liegen meist so eng beieinander wie Glück und Pech. Denn die Beurteilung von Lüge und Wahrheit hängt von subjektiven Einflüssen ab. Ein Beispiel: Wenn ich jemanden besonders schätze, gehe ich nicht davon aus, dass er mich anlügt. Trete ich aber jemandem mit neutralen Gefühlen gegenüber, wäge ich schon eher ab, ob er lügt oder die Wahrheit sagt. Sympathie kann sogar anscheinend offensichtliche Lügen übertünchen. Hätte ich Jo nicht geliebt, wäre mir womöglich früher aufgefallen, dass er oft nicht die Wahrheit gesagt hat. Dass Liebe blind macht, gilt also nicht nur im übertragenen Sinne. Wer liebt, sieht schlichtweg weniger genau hin, reagiert blauäugig und wird blind für Gestik und Mimik des anderen.

Doch es gibt Hoffnung: Auch der raffinierteste Mogler ist den natürlichen biologischen Reaktionen seines Körpers ausgeliefert.

Ständiges Blinzeln oder geweitete Pupillen zum Beispiel schneiden selbst erfahrenen Seitenspringern beim Ehe-Rapport den Flucht-weg ab. Doch bedarf es eines fast adlergleichen Sehvermögens, um die plötzlich größer gewordenen Pupillen eines Lügners von denen eines Wahrsagers zu unterscheiden. Ebenso schwierig stelle ich mir vor, während eines emotionsgeladenen Gesprächs mit dem Partner dessen Blinzelfrequenz zu ermitteln. Wer hält in solchen Stresssi-tuationen schon Millimetermaß («Schatz, darf ich mal deine Pu-pillengröße nachmessen?») und Stoppuhr («Ich zähle bloß, wie oft du pro Minute blinzelst») bereit? Trotzdem, beobachten lohnt sich. Wenn die Wimpern so schnell wie Scheibenwischer schlagen, steht auch der Profi-Lügner im Regen.

Keep smiling! – oder: Wie Lügner lächeln

Glücklicherweise existieren noch zuverlässigere Signale, Lügner zu entlarven. Ein wichtiger Indikator ist der Gesichtsausdruck. Er wird zum Großteil durch muskuläre Reflexe bestimmt, kann also weniger stark beeinflusst werden als zum Beispiel der Blick. Ein Lügner verliert seine Tarnung, wenn ihm die Kontrolle über seine Gesichtszüge abhanden kommt. Und dies geschieht öfter, als den Täuschern lieb sein kann. Wenn sie beispielsweise versuchen, ihre Frau mit aufgelegtem, unechtem Lächeln auf den Irrweg zu führen, sind sie sich meist nicht bewusst, wie unvollständig ihr Mienen-schauspiel wirkt.

Ich gebe zu, auch ich empfand ein breites Lächeln bisher als Indiz für Offenheit und Ehrlichkeit. Leider jedoch, so haben die Lügenforscher festgestellt, hat das Smile-Face im Lügengeschäft Hochkonjunktur. Um durchzublicken, empfehlen sie, genau hinzuschauen. Denn wer seinem Gegenüber scharf ins Gesicht guckt, kann Erstaunliches entdecken: Ein aufgelegtes Grinsen wirkt künstlich. Lügenmänner lächeln schief, ungleichmäßig, zu lang, zu kurz oder an den falschen Stellen.

Ein Selbstversuch sollte Sie überzeugen: Als Lottospieler verfolgen Sie sicherlich regelmäßig die Ziehung der Lottozahlen. Wenn Sie dann, wie gewohnt, wieder mal nicht den großen Treffer gelandet haben, kann unser kleines Experiment beginnen: Treffen Sie sich mit einer guten Freundin. Versuchen Sie ihr weiszumachen, dass Sie mit sechs Richtigen und der passenden Superzahl der Gewinner des Hauptgewinns von 25 Millionen Mark sind. Setzen Sie alle Ihre schauspielerischen Fähigkeiten ein und ein passendes Siegerlachen auf. Dann verkünden Sie mit jauchzender Stimme, welche Träume Sie sich in Zukunft erfüllen wollen. Strengen Sie sich dabei an, geben Sie Ihr Bestes. Das tut ein Lügner schließlich auch. Nur: Ärgern Sie sich hinterher nicht, wenn Ihre Freundin dem Lotto-Märchen keinen Glauben geschenkt hat. Weshalb nicht? Vielleicht war Ihr Lächeln zu schief oder zu lang. Haben Sie überhaupt gelächelt, oder waren Sie zu sehr darauf konzentriert, Ihre Freundin zu beobachten?

Ich habe mich bisher stets für eine Stimmungsexpertin gehalten. Schließlich geht es in meinem Beruf darum, einem Millionenpublikum die bevorstehende Fernsehsendung auf positive Weise anzukündigen. Auch dabei sind schauspielerische Talente gefragt. Nicht oft, aber doch hin und wieder kommt es vor, dass unsereins, um Vorfreude zu wecken, mit Frohmut einen Spielfilm anmoderiert, dessen Qualität im Grunde nicht das hält, was zu Beginn versprochen wurde. Ein Lächeln kann so manchen Zuschauer animieren, nicht weiterzuzappen und sich den Film anzuschauen. Voraussetzung ist natürlich, dass der Beobachter mir meinen positiven Gesichtsausdruck abkauft.

Schwieriger wird es da schon bei gravierenden privaten Sorgen. Wie bei mir während der Krisentage mit meinem Mann. Nach dem, was ich inzwischen von Lügenforschern weiß, hätte wohl ein

157

fähiger Lügendetektiv wie Paul Ekman mein Lächeln auf dem Bildschirm zu jener Zeit eindeutig – und natürlich zu Recht – als unecht interpretiert. Glücklicherweise sind dazu nur die wenigsten in der Lage. Haben bzw. hätten Sie es mir angemerkt? Vielleicht nach Lektüre dieses Kapitels ...

Besser noch als bei Fernsehansagen oder Lottogewinnen können Sie bei Kindern die Kunst des Lügen-Erkennens erlernen. Sie sind oftmals einfallsreichere Mogler als Erwachsene. Doch im Gegensatz zu ihren volljährigen Vorbildern haben die Junior-Schummler noch nicht genug geübt, um ihre kreativen Lügengeschichten durch einen passenden Gesichtsausdruck zu bekräftigen. Fragen Sie doch mal Ihren Sohn, Neffen oder Enkel, ob er in den Osterferien, die er bei Oma verbracht hat, auch immer pünktlich um acht Uhr ins Bett gegangen ist. Vermutlich wird er mit nickendem Kopf und großen Augen verkünden, dass er meistens sogar schon um halb acht schlafen ging. Begleitet wird seine Behauptung von einem Mienenspiel, das Ihnen als verräterisch übertrieben auffallen wird. Der Kleine erzählt seine Geschichte zwar niedlich und nett, seine Mimik indes ist nicht auf den Inhalt abgestimmt: große Augen, breites Grinsen und die Tatsache, dass Oma ihn jeden Abend um halb acht ins Bett gesteckt hat – das macht keinen Sinn.

Ein vorgemachtes Lächeln lässt sich sehr gut von einem echten unterscheiden. Es ist meist schlecht synchronisiert, passt also nicht zum sprachlichen Inhalt, zu Sprechrhythmus oder zur Gestik. Auch wirkt ein aufgelegtes Smile-Face schief oder unkontrolliert. Lächel-Lügner vergessen, Stirnpartie und Augenbrauen den angezogenen Mundwinkeln anzupassen. Oder aber es dauert zu lange, bis sie den Gesichtsausdruck dem Gesprächsthema angeglichen haben. Wenn Ihr Partner nach einer angeblichen Geschäftsreise während seiner Schilderung der strapaziösen Rückfahrt Sie anlächelt, sollten Sie Ihre Antennen ausfahren. Auch wenn er mit einem Male viel mehr lächelt als gewohnt, kann dies das Vertuschen einer Lüge bedeuten.

Noch typischer ist ein unvollständiges Lächeln. Sie fragen ihn, wie seine neue Produktpräsentation ankam, und er erklärt mit zum Lächeln hochgezogenen Mundwinkeln, aber abgesenkten Augenbrauen: «Super!» Natürlich wäre es, wenn sich die Augenbrauen parallel zu den Mundwinkeln freundlich nach oben bewegten. Die Präsentation verlief demnach nicht optimal, und unser Heimlichtuer will offensichtlich lieber nicht darüber reden.

Die wenigsten von uns achten auf diese kleinen, feinen Unterschiede. Viele erkennen die Ungereimtheiten zwischen Wortlaut und Gesicht nur in außergewöhnlichen Situationen, etwa wenn jemand während seiner Trauerrede permanent lächeln würde. Ein gefälschtes Lächeln ist lückenhaft wie Schweizer Käse und lässt Lügenmänner alt aussehen: keine gute Miene zum bösen Spiel.

Lügen haben Hand und Fuß! – oder: Wie sich Lügenmänner durch ihre Körpersprache verraten

Nehmen wir an, ein Lügner hat die beiden ersten Hürden – Blickkontakt und Gesichtsausdruck – erfolgreich gemeistert und glaubt sich nun in Sicherheit. In diesem Fall ist sein Fall beim nächsten Hindernis vorprogrammiert. Denn nun wartet auf ihn eine schier unüberwindliche Klippe: die Körpersprache. Sie ist, mit all ihren Ausdrucksformen, kaum kontrollierbar. Jede einzelne Bewegung zählt, von Finger und Hand über Arm und Bein bis hinunter zum Fuß. Bei einer solchen Vielzahl von möglichen Fehlgriffen und -tritten wird selbst dem gewieftesten Lügner ein Fauxpas unterlaufen. Der Grund für die Unkontrollierbarkeit der Körpersprache ist ihre Vielfalt: Kopfschütteln, Schulterzucken, nervöses und unruhiges Herumzappeln, ständige Handbewegungen, wippende Füße – der ganze Körper hat viel mehr zu erzählen als nur der Mund.

Eine gute Lüge hat vielleicht Hand und Fuß, Hand und Fuß hat aber auch jeder Lügner. Und das ist gut so. Denn was Worte fürs Gesprochene, sind Hand und Fuß für die Körpersprache. Der Körper verrät ständig, was der Mund zurückzuhalten versucht. Ein typisches Beispiel sind wippende Füße. Ferse hoch, Ferse runter. Rechter Fuß nach links, linker Fuß nach rechts. Eine Wadengymnastik, wie man sie sonst nur beim stretchenden Carl Lewis vor einem 100-Meter-Finale sah. Einziger Unterschied: Carl Lewis hatte, soviel ich weiß, nichts zu verbergen, wohl aber der Wippfuß. Er ist angespannt. Wahrscheinlich stört ihn die Gesprächssituation oder der Geprächsinhalt, vielleicht auch beides, und er versucht, durch nervöse Fußbewegungen Stress abzubauen.

Erstklassige Beobachtungsbeispiele liefern Talkshows. Nur die wenigsten Teilnehmer können ihre Beine und Füße im Zaum halten. Vor allem wenn es brenzlig wird, wenn zum Beispiel ein Talkgast angegriffen wird, macht sich der Attackierte mit Fußgymnastik Luft. Noch schlimmer, wenn vor laufenden Kameras eine Lüge oder ein Betrug aufgedeckt wird. In solchen Fällen bewegen sich Füße und Beine des Beschuldigten so aufgeregt, dass man annehmen könnte, er wolle im Sitzen davonrennen. Was im Fernsehen live zu sehen ist, trifft aber auch auf die private Showbühne im Wohnzimmer zu.

Als spektakuläres Szenario könnte man sich Bill Clinton im Dialog mit Hillary vorstellen, wie sie ihn unter vier Augen und vier Füßen zu seinem Verhältnis mit Monica Lewinsky befragt hat. Hat der untreue Präsident der Vereinigten Staaten von Amerika dabei womöglich mit den Füßen geschlackert? Oder mit den Ohren? Oder hatte er sich so gut im Griff, dass er weder mit Ohren noch mit Beinen und Füßen, nicht mal mit seinem berühmtesten Gliedmaß wackelte?

Möglich, sagen die Verhaltensforscher. Doch auch wer von der Gürtellinie abwärts alles im Griff hat, verrät sich. So ist es fast unmöglich, die Hände zu kontrollieren. Experten verweisen darauf, dass ein Mann mit schlechtem Gewissen im ehelichen Kreuzverhör ständig mit seinen Fingern herumspielt. Ob er nun Kugelschreiber zerlegt und sie wieder zusammenbaut, ob er fahrig den Ehering hin und her schiebt oder ob er, besonders beliebt, an den Fingernägeln knabbert. Meine Freundin Moni, die Lebenserfahrene, hat mir bestätigt, wie talentiert ihr zweiter Ehemann bei Streitgesprächen Maniküre betrieb. Ganz gleich, welche Fingertherapie Ihr Partner bevorzugt, er demonstriert Nervosität und Unsicherheit. Wenn er sich dann noch bei der Frage nach dem Namen seiner neuen Kollegin in den Finger beißt, sollten Sie Ihr Frühwarnsystem aktivieren. Vom Kugelschreiber-Mechaniker bis zum Ehering-Jongleur – ein Finger-Zappelphilipp hat im Lügengeschäft schlechte Karten.

Ob Stresssituation oder nicht, manche haben ihre Finger nie im Griff. Bei solchen Kandidaten schaue Frau ganz genau auf die Gesten ihres Wahrheitskandidaten. Passen seine Handbewegungen zum Gesprochenen? Stellen Sie sich vor, Ihr Gegenüber beteuert mit den treuesten Hundeaugen, dass er eine gewisse Person überhaupt nicht kennen und im Übrigen nur Sie lieben würde, und ballt dabei instinktiv seine rechte Faust. Das ist fast so, als würde ein Mann nachmittags am Traualtar Treue schwören und sich für die Hochzeitsnacht mit einer anderen verabreden. Ein berühmtes Beispiel für exakt diese Art von Körpersprache ist der frühere amerikanische Präsident Richard Nixon. Auf einer Pressekonferenz während des Vietnamkrieges hatte ihm ein Reporter die Frage gestellt, wie lange die Amerikaner noch in Kambodscha blieben. Nixon antwortete ruhig, fast gelassen: Es werde keine Ausweitung des Krieges geben, und im Falle Kambodscha handele es sich um eine zeitlich begrenzte militärische Aktion. Während er diese falsche Fährte legte, hatte Nixon jedoch seine Faust so fest geballt, dass die Knöchel weiß hervortraten.

Oft besteht eine augenscheinliche Diskrepanz zwischen Wort und Geste. Nicht nur in der Politik. Wer Liebe mit der Faust unterstreicht, hat es faustdick hinter den Ohren. Abgesehen von Fäustlingen, Füßeleien und Fingerspielereien existieren noch eine Reihe von Handbewegungen, die einen direkten Bezug zum inneren Befinden eines Schwindlers herstellen lassen. Für Ihren Gesprächspartner laufen diese Minigesten völlig unbewusst ab, und meistens auch für Sie. Nun geht es darum, solche Nuancen in der Manier eines Inspektor Columbo aufzudecken. Was dem mit nur einem Auge gelang, sollte Ihnen allemal gelingen: Ein vielsagendes Indiz ist zum Beispiel der Griff an Lippe, Mund oder Kinn. Auch eine flüchtige Berührung von Nase, Wangenknochen oder Ohren bringt Sie der Wahrheit näher.

Von den Ohren bis zum Mund: Unter Druck wird ein Profilügner zum reinsten Kosmetiker. Der eine streicht sich über den nicht vorhandenen Bart, der andere drückt die Nasenflügel zusammen, ein dritter berührt nachdenklich die Oberlippe oder verdeckt seinen Mund. Besonders Kreative ziehen sich gar die eigenen Ohren in die Länge. Derartige Gesichtsmassagen sind nicht nur äußerst unterhaltsam, sie enthüllen auch so manche Lüge.

Was ich immer für Pantomime à la Chaplin hielt, sind in der Verhaltensforschung motorische Ausrutscher. Das Verdecken des Mundes etwa interpretieren Psychologen als den Versuch, eine Unwahrheit zurückzuhalten. Das hört sich verrückt an, macht aber durchaus Sinn. Dafür spricht schon die doppeldeutige Redewendung «den Mund halten». Tatsächlich schafft es kaum einer, seinen Mund wirklich zu halten. Kommt es nicht dauernd vor, dass wir uns verplappern? Gerade Lügenmänner wissen um diese Gefahr. Um nicht versehentlich etwas Verräterisches zu sagen, verpassen sie sich lieber einen Maulkorb: statt Hand aufs Herz also Hand vorn Mund und dabei hoffen, nicht niesen zu müssen. Sehr beliebt ist auch der Hustenanfall, der den Lügner noch etwas Zeit gewinnen lässt.

Für Lügendetektive gilt es, jeden Griff ins Gesicht zu registrieren. Der typische Lügner sitzt nicht stocksteif im Sessel, sondern bearbeitet engagiert sein Gesicht. Ein Reiben der Nase, gefolgt vom Zupfen der Oberlippe, hin zum Verhüllen der gesamten Mundpartie bis zum geschmeidigen Durchkämmen des schütteren Haares – ein solcher Partner ist nicht nur für einen Kosmetik-Werbespot geeignet, er hat auch das Zeug zum Diplomlügner.

Wohlgemerkt, er hat das Zeug dazu. Das heißt aber zugleich, dass er nicht unbedingt geschwindelt haben muss. Psychologen geben hier den Rat, das Verhalten zu vergleichen und Situationen zu beobachten, wie der Betreffende seine Körpersprache während einer nachgewiesenermaßen wahren Aussage einsetzt; so zum Beispiel, wenn einer bestens gelaunt von einer Gehaltserhöhung erzählt. Eine Gegenüberstellung der echten und der vermeintlich unechten Körpersprache wird Klar- und Wahrheit bringen.

Verständlich wird die Bedeutung der Körpersprache, wenn man im Bild bleibt: Der Körper als Multi-Sprachtalent spricht F (wie fröhlich), S (wie sauer), D (wie deprimiert), Ä (wie ängstlich) – und all diese Sprachen absolut akzentfrei. Wenn Mann lügt, dann fängt sein Körper, normalerweise eine Sprachkoryphäe, plötzlich an zu stottern. Auf einmal mischen sich die verschiedenen Körpersprachen, werden unverständlich. Wenn beispielsweise ein ängstliches Absenken des Kopfes vom offensiven Ballen der Faust unterstützt wird, spricht der Körper Kauderwelsch.

Informierte Wahrheitsverdreher wissen um diese Gefahr. Deshalb unterdrücken sie bewusst ihre Körpersprache. Mit größter Konzentration halten sie Hände und Füße still, lassen ihren Körper schweigen. In der Fernsehshow *Pyramide* umschreibt Person A einen Begriff, den Person B erraten soll. Wie gerne würde man als Zuschauer manchmal nachhelfen und mit Händen und Füßen erklären, welches Wort gemeint ist. Doch die Regeln des Spiels schreiben vor, Hände und Füße zu fesseln. Der Erklärer darf nur die gesprochene Sprache benutzen. In dieser Sendung zeigt sich, wie unwirklich es aussieht, wenn nur der Mund redet und der Körper die Klappe halten muss. In meinen Augen wirkt unterdrückte Körpersprache noch viel künstlicher als gefälschte. Können Sie sich Talkmaster Erich Böhme ohne Brille in der Hand vorstellen oder Marcel Reich-Ranicki ohne rudernde Arme?

Keine Körpersprache. Falsche Körpersprache. Übertriebene Körpersprache. Untertriebene Körpersprache. Vom Laien-Täuscher bis zum gelernten Seitenspringer – im Wechselspiel von Sprache und Bewegung hat ein Lügner keine wirkliche Chance. Nicht seine Story verrät ihn, sondern seine Körpersprache. Worte lügen, Gesten nicht.

Wenn Arnie wie ein Mäuschen piepst – oder: Wenn die Stimme plötzlich nicht mehr stimmt

Was bei der Gitarre die Saiten, sind beim Menschen die Stimmbänder. Bei jedem Laut werden sie in Schwingung versetzt. Die Summe dieser Laute nennen wir Sprache. Für den Gitarristen ist es die Musik. Genauso wie sich der Gitarrist verspielen kann, können auch wir uns verspielen. Das eine Mal zupfen wir zu kräftig, das andere Mal zu sanft an unseren Stimmbändern. Ob zu hoch, zu tief, zu schnell, zu langsam, zittrig oder stotternd: Die wenigsten spielen ihr Instrument fehlerfrei. Zum Glück sind vor allem Täuscher und Mogler höchst «unmusikalisch». So geht den meisten von ihnen, ob sie nun wollen oder nicht, beim Lügen die Stimme durch. Da piepst ein Hüne mit der Statur eines Arnold Schwarzenegger auf einmal wie eine Feldmaus, und ein wortgewandter Politiker leidet plötzlich unter Stotteritis. Ein Oscar für das Beherrschen der Körpersprache und Gesichtsakrobatik nutzt nicht viel, wenn Mann seine Stimme nicht unter Kontrolle hat.

Aber auch ein aus vollem Herzen kommender ehrlicher Wutanfall ist geeignet, das Sprachorgan ins Schleudern zu bringen. Kennen Sie das? Ihr Partner ist völlig außer sich, weil er sich furchtbar über die Intrige eines Arbeitskollegen aufregt. Er steht kurz vorm

Explodieren. Zu schnell und unkontrolliert sprudeln die Worte wie ein Wasserfall aus seinem Mund. Seine Stimme schlägt Purzelbäume, schraubt sich in piepsige Höhen, und Sie können kaum ein Wort verstehen – geschweige denn selbst etwas sagen.

Seine Aufregung nimmt Ihr Gegenüber total gefangen. Sie beherrscht ihn in diesem Augenblick uneingeschränkt. Genau dieses Phänomen – die Aufregung – gilt es, sich zunutze zu machen. Täuschungsmanöver sind nämlich dank ihrer psychophysiologischen Zusammenhänge ungeheuer aufregend. Je echauffierter oder auch ängstlicher jemand ist, desto höher gerät sein Tonfall. Weniger ein Herzrasen, vielmehr ein Sprechrasen befällt den Täuscher beim Erzählen seines Märchens. Er spricht dabei fast so hoch wie die Schlümpfe und so schnell wie Otto Waalkes. Die Lügen kommen angeschossen wie Formel-I-Rennwagen: hell singend und pfeilschnell. Wer sich Lügengeschichten dieser Art in Ruhe anhören möchte, hat keine Chance.

Glücklicherweise existieren noch andere sprachliche Erkennungsmerkmale. Auch eine zögernde, tiefe Bassstimme kann für Lügenforscher durchaus verräterisch sein. Solche Bassisten bestechen durch sprachliches Andante maestoso. Und obwohl sie im Schneckentempo formulieren, geraten sie bei jedem zweiten Satz ins Stocken. Aus dem Wasserfall ist ein tropfender Wasserhahn geworden.

Im Gegensatz zu den rasenden Schlümpfen kann man den Ausführungen der Tiefschwätzer mit Leichtigkeit folgen. Und ihre Ungereimtheiten, die sie absondern, sind müheloser zu erkennen – ähnlich wie bei der Zeitlupenwiederholung einer strittigen Szene im Fußball. Jede Kleinigkeit wird dank der Langsamkeit hervorgehoben. Alle Unstimmigkeiten fallen auf, ob Mann einen Namen vertauscht oder sich einfach nur verspricht. Schon das kleinste Detail lässt Miss Marple in uns erwachen.

Allerdings macht sich auch ein fehlerlos parlierender Schwindler verdächtig – sofern sein Sprech-Speed normalerweise ein wesentlich flotteres Tempo aufweist. Hier kommt es auf den Vergleich an.

So gesehen würde man einem Zeitlupen-Redner wie Rudolf Scharping wegen seines Sprechstils völlig zu Unrecht Lügenmärchen unterstellen – schließlich gehört das basstönende Schneckentempo in seiner Stimme zur Gepflogenheit des SPD-Politikers.

Meine ersten persönlichen Erfahrungen mit der Bedeutung der Sprechgeschwindigkeit sammelte ich in der Schule. Ich erinnere mich dabei, übrigens ungern, an die mündlichen Abfragen in meinem Horrorfach Physik. Hier hatte man nur Aussicht auf Erfolg, wenn die Beiträge wie aus der Pistole geschossen kamen. Wer zu langsam oder zu zögerlich sprach, hatte verloren. Allein die Sprechgeschwindigkeit bestärkte den Lehrer in seinem Verdacht, dass man sich nicht richtig vorbereitet hatte. Ähnlich ergeht es einem Lügner, der plötzlich die Langsamkeit der Sprache entdeckt hat. Seine ständigen Pausen, seine Wiederholungen, seine Ähs und Mmhs machen mit hoher Wahrscheinlichkeit das Gesagte unwahrscheinlich.

Die Profilügner unter den notorischen Seitenspringern sind sich der Gefahren, die in ihrer Stimme liegen, sehr wohl bewusst. Sie wissen, worauf es beim Ehe-Talk ankommt: ausgeglichener Sprachfluss, ruhiger und emotionsloser Tonfall, keine längeren Verschnaufpausen. Ihre Geschichten sind durchdacht, ihre Aussagen wohlüberlegt und cool vorgetragen. «Weniger ist mehr», so kalkulieren sie – von ihrem Standpunkt aus betrachtet absolut richtig. Diese Taktik ist auch unter Politikern nicht unbeliebt. Wahlforscher haben längst herausgefunden, dass die richtige Rhetorik, also die Kunst von der wirkungsvollen Gestaltung öffentlicher Reden, in direkter Verbindung zu Wahlergebnissen steht. Vertrauen Sie Ihre Stimme nicht auch eher einem Kandidaten an, dessen Wahlversprechen durchdacht und dessen Interviews wohlüberlegt und in überzeugender Sprache rüberkommen?

Vom öffentlichen Leben bis in die eigenen vier Wände – wer genau hinhört, hat als Lügendetektiv gute Karten. In den meisten Fällen genügt es nämlich schon, die Sprechgewohnheiten des anderen in verschiedenen Situationen zu vergleichen. Wie hört er sich sonst an? Was ist diesmal anders? Wenn Sie diesen Fragen auf den Grund gehen, verderben Sie dem anderen womöglich alle Hoffnungen, doch noch als Schauspieler in Hollywood zu landen.

Alles unter Kontrolle!? – oder: Wenn das Temperament mit Lügnern durchgeht

Der Otto-Normal-Seitenspringer hat es beim Lügen gar nicht so leicht. Wäre Frau nicht betroffen, könnte sie für ihn sogar ein gewisses Mitgefühl aufbringen, zumal er es gleich mit zwei Gegnern zu tun hat. Er muss nicht nur seine Partnerin hinters Licht führen, er muss auch seine eigenen Gefühle austricksen. Gerade Emotionen sind für Lügenmänner äußerst hinderlich. Im Zweikampf Verstand kontra Gefühl droht nämlich selbst die durchdachteste Lügengeschichte wie eine Seifenblase zu zerplatzen. Schon ein einziger unkontrollierter Gefühlsausbruch kann einen Fremdgänger entlarven. Wer beim Ehestreit mit südländischem Temperament Großmutters Kaffeeservice zerschmettert, bekräftigt nicht gerade den Wahrheitsgehalt seines Märchens. Nordische Unterkühltheit hilft da im Lügengeschäft eher weiter.

Doch ob Süd- oder Nordländer – Temperament ist eine Sache des Kopfes. Der Zweikampf Verstand gegen Gefühl wird im Gehirn ausgetragen. Da die rechte Hirnhälfte für unser Empfinden und die linke fürs Denken zuständig ist, wird ein Lügner mit allen Mitteln versuchen, die rechte Seite unter die Kontrolle der linken zu bringen. Derjenige, der also Emotionen und Gefühlsausbrüche durch den Verstand dirigieren könnte, wäre der Traum-Lügenmann schlechthin.

Doch mit links ist dieses «Diplom» nicht zu erlangen. Im Gehirn gibt es auch keine Verkehrsregeln à la rechts vor links. Gefühls- und Verstandesebene sind getrennte Phänomene, die von verschiedenen Gehirnteilen aus gesteuert werden. Daher hat es ein Lügner schwer, Gefühle durch den Verstand zu beeinflussen.

Überreaktionen und Wutanfälle gehören ebenso wie Körpersprache, Stimme, Blick und Gesichtsausdruck zu den Erkennungsmerkmalen der Lügner-Zunft. Folgt man den Verhaltensforschern, dann sind Zorn und Zoten eines in die Enge getriebenen Partners nichts anderes als Zwangsreaktionen, die noch aus der Zeit des Urmenschen stammen. Wer in Stress oder Gefahr gerät, demonstriert von Natur aus eines von drei Verhaltensmustern: Er greift an (Kampfreflex), er flüchtet (Fluchtreflex) oder er wirkt wie gelähmt (Totstellreflex). Es sind die Instinkte, die sich der Mensch über die Jahrtausende bewahrt hat.

Stellen Sie sich vor, Sie konfrontieren Ihren Partner damit, dass Sie hinter seinen Wochenendtagungen eine Affäre mit einer Kollegin wähnen. Auch wenn Sie Ihren Verdacht cool und emotionslos äußern, wird er wahrscheinlich in Stress geraten und zum wütenden Gegenangriff blasen. Vielleicht dreht er den Spieß um und beschuldigt Sie, eben diese Wochenenden dazu auszunutzen, ihn zu betrügen. Psychologen bezeichnen diese Form der Stressbewältigung als Kampfreflex.

Doch nicht jeder Seitenspringer kämpft, wenn's für ihn eng wird. Weniger Mutige ziehen es vor, sich durch Flucht aus peinlichen Situationen im Ehestreit zu manövrieren. Ob Fahnenflucht, Fahrerflucht oder Flucht vor der Wahrheit: einfach abhauen ist wohl die bequemste Art, mit Stress umzugehen.

Besonders deutlich zeigt sich der Fluchtreflex bei Tieren, und interessant wird es beim Vergleich zum Menschen: So wie das Bellen eines Hundes die Katze das Weite suchen lässt, macht Mann sich aus Angst vor der Enthüllung seines Lügentheaters dünn. Was in Stresslagen bei der Katze der Sprung auf den Baum, ist für den Seitenspringer ein Satz wie etwa: «Jetzt reicht's, so eine Unterstellung lass ich mir nicht gefallen! Ich verschwinde!» Er muss indes nicht gleich auszuziehen, um sich dem Alltagsstress des Fremdgängers zu entziehen. Fluchtreflexe drücken sich ebenso durch einen flapsigen Kommentar oder das Einschalten des Fernsehers aus. Auch die abfällige Auskunft, Mann müsse sich solche Verdächtigungen ja wohl nicht bieten lassen, sollte Sie nicht beruhigen. Gerade wenn es brenzlig wird und ein Seitenspringer das Ende seiner Mogeleien auf sich zukommen sieht, versucht er gerne, Überlegenheit zu beweisen.

Erfahrene Lügner kennen die Wirkung ihres Temperaments. Statt loszupoltern, überlegen sie sich eine Abwehrstrategie und täuschen Emotionsausbrüche mit schauspielerischer Grandezza vor. Flucht- und Kampfreflex entspringen nicht ihrem tatsächlichen Gefühlsleben. Die Profis in der Fremdgänger-Branche setzen Vorwürfe, Zorn und Wut gezielt ein. Nach dem Motto «Angriff ist die beste Verteidigung» trachten sie danach, ihren Partnerinnen ein schlechtes Gewissen einzureden. Zum Beispiel mit einer Drohung wie «Ich zieh aus!» Sie hat gleich doppelte Wirkung: Zum einen schreckt sie den Lügendetektiv ab, weiterzubohren, zum anderen erweckt sie in ihm das Gefühl, den Partner zu Unrecht beschuldigt zu haben.

Das Repertoire der Abwehrmechanismen ist unerschöpflich. Während der eine zum Gegenangriff ansetzt, versucht ein anderer, seine Treue und Unschuld durch die Schmoll-Methode zu demonstrieren. Wie ein kleines Kind setzt er sich dann ins Wohnzimmer und schweigt. Er hofft damit, dass Sie auf den Knien angekrabbelt kommen, um mit schlechtem Gewissen und Tränen in den Augen zu kapitulieren. Als Kind stellte sich diese Taktik als höchst probat heraus. Was ich auch angestellt hatte – wenn ich die beleidigte Leberwurst spielte, hatte ich oft Erfolg. Ich verkroch mich in mein Zimmer und tat so, als geschehe mir himmelschreiendes Unrecht. Früher oder später, meistens früher, glaubte meine Mutter, mich fälschlicherweise verdächtigt zu haben.

Ob die kleine Heike, der gelernte Fremdgänger oder der Angeklagte im Gerichtssaal: Das Recht, seine Aussage zu verweigern, hat sich als Verteidigungsstrategie immer wieder bewährt – mal aus der Sicht des Delinquenten betrachtet.

Und die Betrogenen? Keine Sorge, die sind den anderen keineswegs hilf- und wehrlos ausgeliefert. Denn wahre Gefühle lassen sich von falschen sehr wohl unterscheiden. Kein Mensch, auch nicht der größte Meisterlügner, ist Herr über sein Temperament und seine Emotionen. Vorgetäuschte Gefühlsausbrüche werden in der Regel zur falschen Zeit platziert oder nicht mit dem Gesprächsinhalt abgestimmt. Ein Beispiel: Angenommen, Ihr Partner schreit beim Streit: «Jetzt reicht's mir aber!» Danach schlägt er, quasi zur Bekräftigung, mit der Faust auf den Tisch. Erst Schreien, dann Schlagen, Sprache vor Emotion, Verstand vor Gefühl – das passt nicht zusammen. Deshalb können Sie davon ausgehen, dass ein solcher Temperamentsausbruch gefälscht ist.

Wie ein Lügenmann sich auch dreht und wendet, das Duell zwischen seiner rechten und linken Hirnhälfte wird er nicht zugunsten der linken entscheiden können. Die Emotion lässt sich von der Ratio nicht zum Lügner machen. Sie bleibt ehrlich – zum Leidwesen der Lügner.

Lügner kann man sogar riechen

Der kalifornische Lügenforscher Paul Ekman kam bei seinen Untersuchungen zu dem Schluss, dass wir im Alltag nicht besonders gut im Erkennen von Lügen sind. Beim Aufeinandertreffen von Amateur-Lügner und Amateur-Lügendetektiv gewinnt, Ekmans Studien zufolge, in aller Regel der Lügner. Der Grund für die Unterlegenheit des einen liegt nicht etwa bei den Raffinessen des Täuschers, sondern vielmehr beim Lügendetektiv selbst. Er erkennt die Lügen einfach nicht.

Um im Milieu einer männlichen Lügenmafia zum Spielverderber zu werden, gilt es, sein Gehirn wie einen Computer zu programmieren, seinen Verstand zu schärfen und alle Fühler auszustrecken. Wer nicht mit einer Lüge rechnet, erkennt auch keine. Scheuklappen sollten Pferden vorbehalten bleiben, sie taugen nichts für Lügendetektive.

Psychologen wie Ekman raten, die Beobachtungsgabe und alle Sinne zu sensibilisieren. Frau kann sehen, wenn Mann lügt. Die Frage ist nur, ob sie es auch erkennt. Wer bewusst auf Blick, Gesichtsausdruck, Körpersprache, Stimme und Temperament achtet, täuscht sich nicht, wenn er getäuscht werden soll.

Ich glaube, dass man sogar mit dem Geruchssinn Lügensignale ausmachen kann. Wir nehmen zwar in unserem Sprachgebrauch häufig auf unseren Geruchssinn Bezug (z. B. den Braten riechen, das stinkt mir, den kann ich nicht riechen etc.), aber in puncto Wahrheitsfindung verweisen Verhaltensforscher eher auf Auge und Ohr. Dabei liegt der Geruchssinn im ältesten Teil unseres Gehirns und ist außerdem mit dem größten Erinnerungsvermögen ausgestattet. Ein bestimmter Geruch oder Duft kann in uns Erlebnisfluten auslösen, mit denen wir ganze Episodenbücher füllen könnten. Wenn Sie Apfel, Zimt und Mandelkern schnuppern, sehen Sie vor Ihrem geistigen Auge weihnachtliche Bilder. In seinem Werk *Auf der Suche nach der verlorenen Zeit* beschreibt Marcel Proust, wie er sich durch den Duft einer frischgebackenen Madeleine an kleinste Details seiner Kindheit erinnert. Viele von uns haben den Geruch von Schnee gespeichert, der sie an die ersten Rodelpartien mit den Eltern erinnert. Andere denken, sobald ihnen der Duft eines bestimmten Parfüms in die Nase kommt, an ihre erste Liebe. Unvergesslich ist für mich der Duft meiner Tochter als Baby. Ich hätte sie aus allen anderen Kindern, die morgens auf der Entbindungsstation zum Füttern gebracht wurden, herausgeschnüffelt. Umgekehrt findet jedes Baby blind die nährende Brust der Mutter. Allesamt Reflexe, die auf die Wirkung des limbischen Systems zurückgehen – ein Randgebiet zwischen Großhirn und Gehirnstamm, das die hormonale Steuerung und das vegetative Nervensystem beeinflusst und von dem gefühlsmäßige Reaktionen auf Umweltreize ausgehen.

Vielleicht sollte Frau sich öfter auch mal auf ihre Nase verlassen, wenn es um Dichtung und Wahrheit geht. Denn ähnlich wie ein Lügendetektor Hautfeuchtigkeit, Temperatur und Pulsfrequenz misst und vergleicht, registriert unsere Nase die kleinste chemische Veränderung auf der Haut eines Lügners. Gerade die Angst vor Entdeckung lässt seine Schweißdrüsen auf Hochtouren arbeiten. Sobald Angst im Spiel ist, erhält Schweiß einen anderen Geruch als bei sportlichen oder lustvollen Aktivitäten. Der Grund dafür ist eine unterschiedliche Zusammensetzung von Mineralien und Pheromonen – Wirkstoffen, die den Schweiß je nach Ursache der besonderen Anstrengung mixen. Ich bilde mir ein, den Geruch von Angstschweiß von Sportschweiß oder Lustschweiß unterscheiden zu können.

So wie die Parfümindustrie es sich zunutze macht und Sexualduft- und Lockstoffe auf chemischem Wege kopiert und unter unschuldige Parfüms mischt, um andere schwach werden zu lassen, so können wir bei der Wahrheitsfindung mit dem richtigen Riecher eine Nasenlänge voraus sein. Frau kann also auch auf ihre Nase hören, wenn sie einen Mann durchschauen will.

Um nicht missverstanden zu werden: Bei alldem geht es nicht darum, im Stasi-Stil alles und jeden ständig und stetig zu observieren. Erst recht nicht geht es darum, den Partner pausenlos auf den Prüfstand zu stellen und ihm permanent mit Argwohn und Misstrauen zu begegnen. Es genügt völlig, mit offenen Augen durch Alltag und Partnerschaft zu gehen. Zum Vergleich: Wer vor seiner Hochzeit einen Ehevertrag schließt, gilt auch noch nicht als notorischer Zweifler und unverbesserlicher Pessimist. Es ist nicht erforderlich, dass Sie gleich zum Optiker rennen, um Ihre Sehschärfe kontrollieren zu lassen. Es genügt schon, wenn Sie Ihre rosarote Brille abnehmen.

Ihr Handwerkszeug ist die Beobachtungsgabe. Damit sollten Sie, wollen Sie einen Lügenmann dingfest machen, umgehen können: Vergleichen Sie sein Verhalten. Wenn Sie vermuten, dass er

Ihnen etwas vormacht, dann beobachten, schauen und hören Sie genau hin. Wie blickt er jetzt? Was ist anders als sonst? Hat sich sein Gesichtsausdruck verändert? Spricht sein Körper auf einmal eine andere Sprache? Bebt seine sonst so ruhige Stimme? Wird er plötzlich zum Hitzkopf?

Einmal in Aktion, ändert auch der beste Lügner sein Verhalten. Ein Täuschungsmanöver bedeutet nicht nur, dass er Sie hinters Licht führen will. Er muss auch sich selbst und den natürlichen Drang zur Wahrheit, der in den allermeisten von uns steckt, in den Griff bekommen und ausschalten. Bei so viel Trickserei passieren fast zwangsläufig Fehler. Hier liegt die Chance des Lügendetektivs.

8. Leben ohne Lügen – geht das überhaupt?

Der Hochstapler – ein Lügner wie du und ich?

Ferdinand Waldo Demara galt als hervorragender Chirurg bei der US-Marine. Vor allem während des Koreakrieges erwies er sich als Meister seines Fachs. Wegen seiner herausragenden Fähigkeiten überließen seine Kollegen ihm, wann immer möglich, deshalb die schwierigsten Eingriffe. Er entfernte Kugeln nahe am Herzen, brillierte mit riskanten Lungenoperationen und rettete so manchem Koreaner und Amerikaner Beine und Arme, wo andere eine Amputation durchgeführt hätten. Dennoch wurde Demara von der Navy gefeuert. Anlass war ein Bericht in der Illustrierten *Life*, der Demaras wahre Identität preisgab: Der Meisterchirurg war einer der berühmtesten Hochstapler überhaupt, er besaß weder eine Qualifikation als Arzt noch eine Ausbildung für irgendeinen jener Berufe, die er zuvor schon mit großer Meisterschaft und Kompetenz ausgeführt hatte: promovierter Psychologe, stellvertretender Gefängnischef, Collegedirektor.

Charles Ford, ein Psychiatrieprofessor aus Birmingham im US-Bundesstaat Alabama, zeigte sich von Extremlügnern wie Demara so fasziniert, dass er Geschichten über solche Lügenkaiser sammelte und analysierte; darunter befand sich ironischerweise auch der Fall eines falschen Psychiaters, der sich als Experte für die Behandlung von notorischen Lügnern einen Namen gemacht hatte. Ford interessierte sich insbesondere für die Frage, aus welchen Gründen diese wohl cleversten unter allen Lügnern ihre nachweislich vorhandenen außergewöhnlichen Talente nicht einsetzten, um auf ehrliche Weise zu Ruhm und Geld zu gelangen.

Doch trotz intensivster Bemühungen blieb der Wissenschaftler eine überzeugende Antwort schuldig. Zwar wurden und werden solche riskanten Rollenspiele immer wieder als Versuche gedeutet, eine unbefriedigende Existenz gegen eine verheißungsvolle andere einzutauschen oder ein geringes Selbstbewusstsein durch Auftritte in eindrucksvollen Maskeraden zu stärken. Doch laut Ford existieren zwischen Weltklasse- und Kreisklasse-Lügnern grundsätzlich keine Unterschiede, wenn man nach ihren Motiven forscht. Also lügt der Hochbegabte zwar besser, aber keinesfalls aus anderen Gründen als der Durchschnittsmensch. Selbst ein ganz besonders virtuoses Täuschungsmanöver ist nur eine Spielart der alltäglichen Lüge. Und zu genau diesem Schluss gelangt Charles Ford: «Pathologische Lügner bieten lediglich besonders krasse Beispiele eines ziemlich normalen Verhaltens.»

Wenn aber nicht einmal Lügen von Weltklasseformat eindeutig interpretiert werden können – wie will man dann den normalen Alltagslügen auf den Grund gehen? Ein höchst kompliziertes Unterfangen. Denn Lügen gehören nun einmal zum Leben, und ein Leben ganz ohne Lügen erscheint nicht nur Lügenforschern völlig chancenlos. Mit ziemlicher Sicherheit ist für die meisten Menschen das achte Gebot jenes, das am schwersten zu befolgen ist.

Lügner werden nicht geboren – oder: Wann sind Lügen erlaubt und wann nicht?

Lügen will gelernt sein. Kein Mensch wird mit dem Talent zum Lügen geboren. Erst vom vierten Lebensjahr an sind Kinder überhaupt fähig, die Unwahrheit zu sagen, wie Untersuchungen in Nordamerika und Europa ergaben. Ein aufschlussreiches Experiment gelang dabei Joan Perkins, Kinderpsychologin an der Universität von Toronto. Zunächst durften sich Kinder ihren Lieblingssticker aussuchen. Danach wurden ihnen zwei Marionetten gezeigt, eine «gute» und eine «böse». Vor der bösen Figur wurde gewarnt: Sie wolle dem Kind den Sticker wegnehmen. Nun fragten die beiden Marionetten jedes Kind, welchen Sticker es am liebsten habe. Ergebnis: Der «guten» Figur verrieten alle Kinder ihren Lieblingssticker. Die Drei- und Vierjährigen gaben auch der «bösen» Marionette ihren Favoriten preis, woraufhin diese ihn prompt stahl. Die Fünfjährigen schwindelten oder hielten zumindest ihren Mund und konnten so ihren Sticker behalten.

Im zweiten Durchgang hatten die Vierjährigen dazugelernt und schwindelten ebenfalls. Nur die bedauernswerten Dreijährigen blieben auch jetzt noch bei der Wahrheit, obwohl ihnen daraufhin ein ums andere Mal ihr geliebtes Spielzeug abgenommen wurde.

Verhaltensforscher und Psychologen wie Charles Ford unterscheiden beim Kind drei Entwicklungsstufen auf dem Weg zum erfolgreichen Lügen: Zunächst erkennt es, dass es das Verhalten anderer manipulieren kann. Dann versteht es, dass die anderen Gedanken wie es selbst haben und dass es diese trickreich zu beeinflussen vermag. In der letzten Stufe wird das Kind gewahr, dass es von seinem Gegenüber wiederum beobachtet wird. Es lernt, Gesichtsausdruck und Körpersprache zu kontrollieren und die Meinung der anderen über sich immer geschickter und routinierter zu beeinflussen. «Diese Fähigkeiten», sagt Ford, «werden allerdings nicht nur und nicht einmal hauptsächlich zum Lügen gebraucht. Ihre Meisterung kennzeichnet wichtige Schritte bei der Entwicklung des planvollen Denkens, des Einfühlungsvermögens und der sozialen Intelligenz.»

Manche Psychologen vermuten, dass ein Kind erst durch den Erfolg seiner Lügen begreife, dass es eine ganz private, eigene Innenwelt hat und dass zum Schutz dieser Privatsphäre bisweilen gewandtes Lügen erforderlich ist. Auffällig verlogene Kinder sind allerdings gefährdet. Viele von ihnen werden später kriminell oder bekommen Probleme mit Alkohol und Drogen.

Doch zurück zu den Erwachsenen. Wenn Lügen notwendig zum Leben gehören – wann soll man dann die Wahrheit sagen und wann besser nicht? Ich meine, die meisten von uns nehmen gern Zuflucht zur bequemeren Lüge, selbst wenn das in vielen Fällen gar nicht nötig wäre. Weshalb sollte ich, um ein ganz banales Beispiel zu nehmen, die neue Frisur meiner Freundin Moni loben, wenn ich sie in Wahrheit unvorteilhaft finde? Wenn ich löge, würde ich meine Freundin nicht ernst nehmen, sie wäre mir nicht mehr wichtig. Ihr wider besseres Wissen vorzugaukeln, die neue Frisur stünde ihr besser als die vorherige, wäre ein Signal dafür, dass Moni mir die Mühe der Aufrichtigkeit nicht mehr wert ist. Unsere Gespräche kämen bald belanglosem Geschwätz gleich, keiner könnte dem anderen mehr glauben. Ich müsste mir sofort die Frage stellen, ob es Moni ehrlich meinte, als sie neulich mein neues Kostüm pries.

Zugegeben, dies sind keine Probleme von weltpolitischer Tragweite. Aber gerade darum geht es ja: Wenn man nicht einmal in der Lage ist, Lügen der harmlosen Art zu vermeiden, wie verhält es sich dann erst beim Umgang mit bedeutenderen Wahr- oder Unwahrheiten?

Meist erfordert es großen Takt und ein hohes Maß an sozialer Intelligenz, anderen die Wahrheit zu sagen, ohne sie zu kränken. Bei der Lüge dagegen ist weit weniger Aufwand vonnöten, oft genügt es, sich einzureden, die Lüge sei für den Getäuschten von Vorteil. Die Philosophin Sissela Bok hat sich mit genau diesem Problem beschäftigt und kommt zu völlig abweichenden Schlüssen:

«Aus der Perspektive des Getäuschten ergibt sich ein anderer Ansatz. Menschen, die herausfinden, dass sie belogen wurden, fühlen sich in aller Regel verletzt. Selbst die so genannten selbstlosen, uneigennützigen Lügen erweisen sich bei genauerer Betrachtung meist als bedenklich oder gar als zerstörerisch. Wenn irgend möglich, sollte man deshalb nicht lügen.»

Ihr Kollege David Nyberg ist allerdings anderer Auffassung: «Wenn wir mit Täuschungen Gutes bewirken können, sollten wir das tun.» Und als Beispiel führt er die Situation eines kleinen Jungen an, der auf einem Kinderfest seine Kunstwerke anbietet – unbeholfene Schmierereien mit Wasserfarben. Wer aber wollte dem Kleinen die ungeschminkte Wahrheit sagen?

Wichtige Wahrheiten offen auszusprechen ist eine Frage des richtigen Timings. Da halte ich es mit David Nyberg, der die Auffassung vertritt: «Wenn es unter Menschen menschlich zugehen soll, helfen Grundsätze oft wenig. Aber ein feines Gespür für das, was in der jeweiligen Situation gut tut, ist eben schwerer zu entwickeln, als an markigen Geboten und Normen festzuhalten.»

Diese Einstellung ist vor allem dann von Vorteil, wenn es um Wahrheiten geht, die schlimmer sind als jede Lüge. In dem Buch *Lob der Lüge* von Volker Sommer las ich, dass Krankenhauspatienten, die sich vom Arzt intensiv, offen und ehrlich über Ursachen und Verlauf ihrer bevorstehenden Operation informieren ließen, einen komplizierteren Heilungsverlauf durchmachten als Leidensgenossen, die besser nicht so genau wissen wollten, was ihnen bevorstand und womit sie im schlimmsten Fall zu rechnen hatten. Nicht jeder Patient ist bei Krankheiten, zumal bei schweren, gegen die Wahrheit und nichts als die Wahrheit wirklich gewappnet. Von Sigmund Freud etwa, dem Ersten, der die Kräfte des Unterbewusstseins beim Namen nannte, ist folgende Geschichte überliefert: Nachdem ihm sein Arzt die Diagnose Kieferkrebs übermittelt hatte, soll ihn der berühmte Wiener Psychologe und Psychiater gefragt haben: «Mit welchem Recht sagen Sie mir diese Wahrheit?»

Bei psychisch Kranken ist man inzwischen davon abgekommen, ihre Tagtraumwelt – sprich: ihre Lebenslüge – zu zerstören, in die sich die Patienten teilweise flüchten, um ihre Defizite im wirklichen Leben auszugleichen. Therapeuten sprechen der Lebenslüge eine die Persönlichkeit stabilisierende, manchmal sogar lebensrettende Funktion zu.

Auch Ehrlichkeit hat Konsequenzen

Gegensätze ziehen sich an, heißt es. Mag sein – aber sie stoßen sich auch schneller wieder ab. Diese Volksweisheit haben amerikanische Wissenschaftler in Langzeituntersuchungen inzwischen untermauert. Ihr Thema war, inwieweit die Ähnlichkeit des Verhaltens von Partnern die Dauer ihres Zusammenbleibens beeinflusst. Dabei kam heraus: Je ähnlicher sich Mann und Frau sind, je mehr sie also gemein haben, desto dauerhafter ist ihre Beziehung. Es zeigte sich, dass gleiche Voraussetzungen in Bezug auf Alter, Aussehen, Ausbildung, Religiosität, Sexualverhalten, Einstellung gegenüber Feminismus und Politik wesentliche Faktoren für die Stabilität von Beziehungen darstellen. Paare mit äußerer und innerer Ähnlichkeit vertragen sich besser und bleiben länger zusammen als solche, die größere Gegensätze in sich verkörpern. In diesem Zusammenhang wurde auch das Thema «Dominanzverhalten» unter die Lupe genommen – mit dem Ergebnis, dass Mann und Frau harmonischer miteinander umgehen, wenn die Dominanz bei Entscheidungen gleichmäßig unter den Partnern verteilt ist.

Natürlich fördert auch eine ähnliche Einstellung beim Umgang mit der Wahrheit bzw. Unwahrheit eine glücklichere Zweisamkeit.

Wer zuverlässig weiß, dass sein Partner zum Thema Lügen die gleichen Ansichten vertritt wie man selbst, hat Vorteile. Zum einen fällt es leichter, sich in den anderen hineinzuversetzen; zum anderen ist die Toleranzschwelle erheblich geringer als bei Partnern mit einem gänzlich unterschiedlichen Bedürfnis nach Wahrhaftigkeit.

Das ist Ihnen zu abstrakt? Nun, dann nehmen wir doch folgendes Beispiel: Eine Frau, die seit jeher Offenheit in der Ehe geschätzt hat und plötzlich gewahr wird, dass ihr Mann sie schon lange betrügt und belügt, wird wesentlich mehr Toleranz für das Verhalten ihres Partners mobilisieren müssen, als wenn sie eine ähnlich sorglose Einstellung zur Wahrheit hätte wie er. Bei ungleichen Voraussetzungen auf diesem Gebiet ist der Wahrheitsliebendere leider oft der Leidende.

Wobei Wahrheitsliebe für mich keineswegs bedeutet, dass jemand zu jeder Tages- und Nachtzeit Wahrheiten verkünden soll. Wie etwa, wenn Sie Ihm erzählt: «Der neue Kollege im Büro ist ein attraktiver Bursche, ich habe gleich mal mit ihm geflirtet!» Oder Er zu Ihr: «Ich hätte doch um ein Haar unseren Hochzeitstag vergessen. In letzter Minute fiel er mir glücklicherweise wieder ein, sodass ich noch ein Geschenk besorgen konnte.»

Kleine Geheimnisse haben durchaus ihren Reiz und müssen nicht schaden. In einer Lügengeschichte des Magazins *Geo* las ich diesen Satz: «Menschen, die sich lieben und ernst nehmen, wissen einander mit Hilfe kluger Täuschungen zu erfreuen, zu nützen und zu schützen.» Wie zutreffend diese Bemerkung ist, mögen drei kleine Beispiele verdeutlichen.

Erster Fall: Eine ältere Bekannte von mir gönnt ihrem Ehemann beim Frühstück stets die von ihm favorisierte obere Brötchenhälfte. Seit vielen Jahren lässt sie ihn im Glauben, dass sie selbst die glattere untere Hälfte bevorzuge, obwohl sie in Wahrheit ebenfalls lieber die rauhere Oberfläche mag. Als ich sie einmal fragte, weshalb sie dies ihrem Partner gegenüber wie ein Geheimnis behandele, antwortete sie: «Als wir zum ersten Mal gemeinsam frühstückten –

ich erinnere mich noch genau, es war während unseres ersten Urlaubs –, da erzählte mir mein Mann, wie verrückt er auf die raue Seite einer Brötchenhälfte sei. Ich hatte die gleiche Passion, behielt sie aber für mich, weil ich mich freute, ihm einen kleinen Gefallen tun zu können. Hätte ich es nicht für mich behalten, hätte er sicherlich die bessere Hälfte mir geben wollen. So aber habe ich diese kleine Freude ihm und mir bewahrt. Inzwischen sehe ich meinen Brötchenverzicht als symbolische Geste meiner Liebe zu ihm an. Solange ich meinem Mann immer noch sehr gerne die obere Hälfte überlasse, solange liebe ich ihn noch so wie damals im ersten Urlaub. Seitdem sind 35 Jahre vergangen.»

Der zweite Fall handelt von einem Paar, das sich rundherum gut versteht, offen miteinander umgeht und in etwa dieselben Dinge des Lebens als wichtig bzw. unwichtig ansieht. Nur dem Automobil als solchem schreiben die beiden höchst unterschiedliche Bedeutung zu. Während für den Mann die Pflege dieses Fortbewegungsmittels ebenso wichtig ist wie seine Fahrtüchtigkeit, vermag seine Frau den Nutzen dieses Dinges allein in seiner Mobilität zu sehen. Folge: Er putzt es, sie nutzt es. Solange jeder über sein eigenes Gefährt verfügen kann, ist das kein Grund zur Panik. Dies ändert sich jedoch, wenn sie eines Tages seinen Wagen nehmen muss, weil ihrer gerade nicht zur Verfügung steht. Ausgerechnet an jenem Tag passiert es dann: Beim Einparken touchiert sie einen Mast. Dabei zersplittert das linke Rücklicht, und auch der Kotflügel kriegt eine kleine Delle ab. Der Schaden ist minimal, aber für ihren Mann wird dies eine Staatsaffäre sein. Was soll Frau also tun? Offen wie immer dem Partner alles schildern? Oder doch lieber zu einer Ausrede greifen?

Nichts gegen Ehrlichkeit, aber in diesem Fall wäre sie wirklich nicht angebracht. Die Frau fährt also in die Werkstatt – natürlich nicht in jene ihres Mannes –, erklärt dem Kundendienstleiter ihre missliche Lage und bittet ihn inständig, den Schaden doch umgehend zu beheben. Sie hat Glück. Der Mann besitzt Feingefühl und sorgt für prompte Hilfe. Als ihr Mann sich am Abend erkundigt: «Na, alles in Ordnung, bist du mit dem Wagen klargekommen?», lügt sie ihm vor: «Alles bestens.» Vom Schaden hat er niemals etwas erfahren, zumal sie die Reparaturrechnung über ihr Sparkonto beglichen hat.

Dritter Fall: Während der Vorbereitung auf dieses Buch unterhielt ich mich mit einem alten Bekannten über Lügen und Seitensprünge. Der Mann ist alles andere als ein typischer Fremdgänger – er ist zurückhaltend, verantwortungsvoll, beherrscht. Umso überraschter war ich, als er mir folgende Geschichte erzählte:

Um in dem Eifeldorf, in dem er jetzt wohnt, rascher Fuß zu fassen und Kontakte zu knüpfen, war er vor Jahresfrist einem Kegelclub beigetreten, während sich seine Frau einem Gymnastikkreis anschloss. Einmal im Jahr veranstaltet dieser Kegelclub einen Ausflug, der von dem Geld finanziert wird, das beim wöchentlichen Kegelabend durch Startgelder und verlorene Spiele in den gemeinsamen Topf wandert. Ziele dieser Touren sind meistens Freizeitanlagen, sogenannte Treff-Hotels mit Sauna, Fitnesscenter, Bar und Disco – eigens errichtet für Großveranstaltungen dieser Art. Bei der Buchung achten die Betreiber streng darauf, dass das Verhältnis unter den anreisenden Kegelbrüdern und -schwestern ausgewogen ist. Schließlich sollen die aus allen deutschen Regionen Anreisenden möglichst viel Spaß miteinander haben: Jeder soll auf Touren kommen, und keinem soll dieselbe vermasselt werden.

Als mein Bekannter zum ersten Mal an solch einer Veranstaltung teilnahm, war er völlig perplex, mit welch freizügiger Selbstverständlichkeit während dieser tollen Tage Kegelwechsel-dich gespielt wird. «Schon nach dem ersten Abend war mir klar, dass fast jeder Gast, ob Männlein oder Weiblein, mit dem festen Willen anreist, sich möglichst schnell mit anderen KeglerInnen zu verbrüdern oder zu verschwistern. Die Nonchalance, mit der dies geschieht, ist ebenso abschreckend wie faszinierend.»

Während er am ersten Abend für die sexgeladene Atmosphäre noch wenig empfänglich war, faszinierte sie ihn tags darauf so sehr, dass er sich mit einer katholischen Schwester aus dem Sauerlandkreis einließ – zum ersten One-Night-Stand seines Lebens. Schon am Tag darauf war bei beiden Fremdgängern die Faszination wieder gewichen.

Wieder zu Hause, packte meinen Bekannten das schlechte Gewissen. Musste er nicht seinen Fehltritt gestehen? Bislang hatte er seiner Frau auf diesem Gebiet nie etwas vorgelogen – allerdings hatte es bis dahin auch nichts Gravierendes gegeben, was er hätte verheimlichen können. Als er mich um Rat fragte, musste ich nicht lange überlegen und empfahl quasi aus dem Bauch heraus, er solle sein kleines Geheimnis besser für sich behalten. Womöglich ergibt sich irgendwann einmal eine passende Gelegenheit, ein Geständnis abzulegen – vielleicht aber auch nicht.

Gibt es eine Regel für das richtige Timing eines womöglich längst überfälligen Geständnisses? Laut Dory Hollander lautet die Antwort auf diese Frage eindeutig: Nein! «Die Wirklichkeit kann viele Gestalten annehmen», schreibt die Autorin in ihrem Buch *Die Lügen der Männer*. «Der Trick besteht darin, eine Wahrheit mit echter Empathie und liebevoller Zuwendung für den anderen zu verbinden und sie nicht wie eine heiße Kartoffel zu behandeln.»

Trotz meiner persönlichen Erfahrungen stimme ich Hollander zu: Auch ich bin gegen Wahrheit um jeden Preis! Auf die Frage, wie offen ich mir meinen Sexualpartner wünsche, würde ich antworten: Ehrlichkeit ist ebenso wie Täuschung mit Konsequenzen verbunden. Es kommt stets auf die Person und die Umstände an. Im zuletzt angeführten Beispiel etwa bin ich mir ziemlich sicher, dass meinem Bekannten etwas Ähnliches nicht mehr passieren wird. Für ihn war es ein Seitenhüpfer ohne Folgen – und für die Kegelschwester, die wie er nur diesen einen Sidestep im Sinn hatte und sonst nichts, dürfte sich die Frage kaum anders darstellen. Für die betrogene Ehefrau in ihrem dörflichen Zuhause aber, wüsste sie davon, hätte die Kenntnis von diesem Seitensprung durchaus Folgen: Das Vertrauen in ihren Mann wäre für längere Zeit – wenn nicht für immer – erschüttert.

Dass die Wahrheit dies nicht wert ist, zeigt ein Gegenbeispiel mit Protagonisten aus demselben Eifeldorf. Während einer größeren Festivität zog sich ein strammer Oberstleutnant, wegen seiner offenen Worte von jedermann gefürchtet, mit einer attraktiven Witwe unbemerkt für eine halbe Stunde zu einem Schäferstündchen zurück. Seine Frau hatte das Fest kurz zuvor verlassen. Um die Sache «wieder in Ordnung zu bringen», entschuldigte sich der wackere Lüstling für seinen Quickie anderntags nicht nur bei seiner Frau, was noch nachvollziehbar gewesen wäre, sondern auch bei allen Freunden und Bekannten. Für seine Canossagänge hatte er sich eigens einen halben Tag frei genommen.

Ich bin nicht sicher, ob die Bundeswehr ihren Führungskräften auch im Privatleben solch extreme Ehrlichkeit und Gradlinigkeit abverlangt; sicher bin ich allerdings, dass die Ehefrau des prinzipientreuen Ungetreuen unter dessen fast schon perverser Offenheit heftig gelitten hat – am meisten wohl unter seiner überaus öffentlichkeitswirksamen Entschuldigungstour.

Wie Betrogene wieder Mut fassen

Wenn alles auf den Tisch kommt, weil sie einen heißen Liebesbrief bei ihm gefunden oder ihn gar in flagranti erwischt hat, wenn also außer Frage steht, dass er sie betrogen und belogen hat – in dieser Stunde der Wahrheit glauben Betroffene, ein großer Knall würde auf einmal die ganze Welt zum Stillstand bringen.

Einige der Frauen, die solches erlebt haben, zitiert die Psychotherapeutin Julia Onken: «Mir war, als wenn mir eine schwere Eisenplatte das Gehirn zerschmetterte», erinnert sich die Erste. «Der Boden unter meinen Füßen klaffte auf, und ich drohte hinunterzustürzen», schildert die Zweite. «Mein Herz schien aus dem Leib zu springen, und ich bekam keine Luft mehr, dann habe ich das ganze Porzellan aus dem Fenster geschmissen», erzählt die Dritte.

In einer solchen Situation gerät die Welt aus den Fugen, die Erde verlässt ihre Umlaufbahn, das ganze Universum droht zu bersten. Und wer so etwas noch nicht erlebt hat, sollte sich hüten, Vergleiche dieser Art als Übertreibungen anzusehen. Wer – wie ich und viele andere – solche Momente der Wahrheit schon einmal durchlebt hat, empfindet so – und nicht anders. Und diese Augenblicke sind umso schrecklicher, weil das ganze Szenario in der Erinnerung wie in Zeitlupe abzulaufen scheint. Man möchte zwar, dass die Bilder wie im Zeitraffer schnell vorüberfliegen, am besten in Lichtgeschwindigkeit, sodass man sie gar nicht richtig aufnehmen kann – doch es geschieht exakt das Gegenteil. Alles wird plastisch, prägnant, plausibel. Unbekannte Gefühle brechen aus. Man wünscht sich die Geliebte auf den Mond und den Partner in die Hölle. Selbst Mordgedanken entstehen, durchaus auch bei Anhängern der Friedensbewegung. Und solche Reaktionen machen Angst, umso mehr, weil wir sie eigentlich nicht gewöhnt sind. Jedenfalls nicht bei uns … Und plötzlich fragt man sich: Bin ich noch normal?

Spricht man mit Psychologen und Therapeuten, so erfährt man, dass solche Gedanken in Fällen dieser Art durchaus nicht ungewöhnlich sind. «Hier gibt es keine Norm», schreibt Julia Onken, «alle nur erdenklichen menschlichen Abgründe können aufklaffen.» Und die studierte Psychotherapeutin empfiehlt, in diesen Situationen alle Personen zu meiden, die einem raten, sich möglichst unter Kontrolle zu halten, sich wie ein zivilisierter Mensch aufzuführen und sich zusammenzureißen. «Diese Leute haben vom Leben keine Ahnung. Das Einzige, was wirklich hilft und uns weiterbringt, ist, wenn wir unsere Gefühle zulassen und uns dadurch näher kommen. Schmerz, Trauer, Wut sind Gefühle, die uns wieder in Kontakt mit uns, mit unserer innersten Wahrheit bringen. Wut ist eine wichtige und tragende Energie. Sie lädt uns auf, reißt uns empor in eine aufrechte Haltung, in der wir wieder aktiv werden.»

Wer seine Gefühle also rauslässt und seine Empörung fühlt, auch wenn es noch so schmerzt, wird nicht durchhängen wie ein Schleppseil. Ich habe es selbst erlebt: Trauer und Schmerz bringen dich zu dir selbst zurück, zu deinem Ursprung. Es ist, als würde man in sich selbst ein Stück Heimat wiederfinden. «Alles, was uns in dieser Phase mit uns selbst wieder in Kontakt bringt, hilft uns, Orientierung in unserem Leben zu finden», sagt Julia Onken. Und ich kann dies aus eigener Erfahrung nur dick unterstreichen.

Weniger hilfreich ist dagegen, wenn man seine Rachegefühle beispielsweise auf die Nebenbuhlerin konzentriert. Es führt zu nichts, stundenlang zu überlegen, wie man der Geliebten des Mannes eins auswischen könnte. Dabei wird negative Energie sinnlos verpulvert. Die gröbsten Fehler aber, die uns in solchen Zeiten unterlaufen, sind Onken zufolge vorschnelle Entscheidungen – wie etwa unverzüglich den Partner zu verlassen oder auf der Stelle von ihm Entscheidungen zu verlangen wie: sie oder ich. Ebenso falsch wäre es, sich selbst unter Entscheidungsdruck zu setzen. Da ein Betroffener nach der Stunde der Wahrheit in der Regel einem Wechselbad der Gefühle ausgesetzt ist, erlebt er in dieser Phase ein permanentes Auf und Ab. Mal sieht er sich auf einem Weg, der zum Ziel A führt, mal auf einem anderen mit dem Zielpunkt B. Es ist wie im Irrgarten – ständig ändert man die Richtung, weil man den Ausgang mal hier, mal da vermutet.

Wer während dieser Phase auf Teufel komm raus eine Entscheidung fällen möchte, gerät allenfalls in Teufels Küche. Denn schließlich geht es um nichts weniger als um einen wichtigen Abschnitt unserer Lebensplanung: Wenn wir uns über den richtigen Zeitpunkt unserer Heirat Gedanken machen, gestatten sich die meisten von uns eine ausreichende Bedenkzeit. Also sollte man sich auch genügend Zeit lassen, um gedanklich verschiedene Möglichkeiten durchzuspielen, wenn eine Beziehung stark gefährdet ist. Einen Vorteil hat, wer in solch einer Phase Menschen um sich versammeln kann, die einen auf dem Weg zu den ständig wechselnden Zielen solidarisch begleiten, ohne dabei eine Richtung vorzugeben und Zeit- oder sonstigen Druck auszuüben. Kompetent sind meist diejenigen, die selber schon einmal eine ähnliche Situation durchlitten haben.

Wer sich für die Fortsetzung der Beziehung entschieden hat – und das tun die meisten, Männer wie Frauen –, baut auf das Prinzip Hoffnung: Er hofft, dass die Affäre seines Partners wirklich zu Ende ist. Er hofft, dass die Partnerschaft mit neuem Elan weitergeht. Er hofft, dass beide Seiten aus dem Vorfall etwas gelernt haben. Leider weicht die Hoffnung meist schon nach kurzer Zeit erneutem Misstrauen. Kommt der Partner später als sonst nach Hause oder ist er eine Zeitlang telefonisch nicht erreichbar – schon nagt beharrlich und zuverlässig der Verdacht an der gerade geheilten Seele. Doch Misstrauen, sagen Paartherapeuten, kann nie durch Gewissheit beseitigt werden – eine für viele zunächst ernüchternde Erkenntnis.

Aus der Sicht des Fremdgängers bedeutet dies: Was immer er als Wiedergutmachungsversuche auch unternehmen mag – es wird ihm niemals gelingen, eine lückenlose Beweisführung für seine künftige Treue zu liefern. Und aus der Sicht des/der Betrogenen: Stets wird er/sie etwas finden, was seinen/ihren Verdächtigungen Nahrung gibt. Deshalb raten Experten wie Julia Onken: «Misstrauen ist ein unersättlicher Moloch, der nur am Entstehungsort, also in einem selbst, individuell aufgelöst werden kann.»

Die Schritte, die eine Therapeutin wie Julia Onken auf dem Weg dorthin aufzeigt, sind von einfacher Logik und deshalb nachvollziehbar: Der erste ist, Vertrauen zu sich selbst zu gewinnen. Vertrauen hat, wie sein Gegenteil, das Misstrauen, eine Quelle in uns selbst und kann nicht von außen erzeugt werden. Nur wer Vertrauen zu sich selbst besitzt, kann auch anderen vertrauen. Je mehr ich mich also schätze, desto größer ist die Chance, auch anderen vertrauen zu können.

Der zweite wichtige Schritt ist, nur die Gegenwart als Plattform für eine Partnerschaft zu akzeptieren. Die Vergangenheit ist tabu. Wer ständig nur zurückschaut und seine alten seelischen Wunden lecken will, gibt seiner alt-neuen Beziehung keine Chance. «Wer sich absichern möchte, sollte sich besser für den Rest seines Lebens ins Bett legen und eine Lebensversicherung abschließen, als sich nochmals auf eine Beziehung einzulassen», formuliert Julia Onken drastisch. Mit angezogener Handbremse kommt man nicht vorwärts.

Bettina aus Hamburg ist Mitte vierzig und lebt allein mit ihrem siebenjährigen Sohn Daniel. Von ihrem Mann hat sie sich vor einigen Jahren getrennt. «Er hatte mich mehrfach mit anderen Frauen betrogen», erzählte sie mir. «Aber das war nicht einmal das Schlimmste. Am meisten nervte mich seine Nörgelei. Was immer ich tat – er hatte was zu meckern. Zu allem gab er negative Kommentare ab. Wenn ich telefonierte, redete er dazwischen. Überall mischte er sich ein. Nur nicht, wenn Besuch da war. Da saß er meist in einer Ecke, zog ein langes Gesicht und sagte kaum ein Wort. Der Mann machte nur Stress. Nach zehn Jahren hatte ich die Nase voll!»

Um die Scheidungsmodalitäten möglichst rasch abzuwickeln, verzichtete Bettina sogar auf materielle Vorteile. «Ich wollte nur raus aus dieser Ehe, nur noch weg von ihm.»

Heute fühlt sich Bettina frei und zufrieden, auch ohne festen Partner. «Ich kenne ein paar Männer, die ich ab und zu treffe. Mit dem einen war ich auch schon mal in Urlaub. Doch zu einer langjährigen Beziehung habe ich keine Lust mehr. Ich komme als Single prima zurecht.»

Zugegeben, Bettina hat den Vorteil, unabhängig zu sein. Als Studienrätin ist sie auf männliche finanzielle Fürsorge nicht angewiesen. Und sie legt Wert auf die Feststellung, dass sie auch ansonsten nicht unter dem fehlenden Dauerschutz eines ganz bestimmten Mannes leidet. «Es gefällt mir, dass mir keiner mehr sagen kann, was ich tun soll und wo's langgeht.»

Astrid, Anfang vierzig, lebt als Single in Koblenz. Wie Bettina fühlte sich auch Astrid nach ihrer Scheidung mit einem Mal «herrlich frei und unabhängig». Wie Bettina geht auch sie mal mit diesem, mal mit jenem Mann aus. Doch Astrid tut es, weil sie – wieder – auf der Suche nach der großen Liebe ist.

«Ich denke immer, es muss doch möglich sein, unter den vielen Männern einen Traumprinzen zu finden.»

Frauen wie Bettina und Astrid gibt es mehr und mehr – Ex-Ehefrauen, die ein Ende mit Schrecken einem Schrecken ohne Ende vorziehen und Singles werden. Die Bettinas favorisieren dabei ein Leben nach dem Mann, die Astrids ein Leben nach und vor dem Mann. Die Chancen stehen für beide nicht schlecht. In vielen deutschen Großstädten, allen voran München, sind inzwischen die Hälfte aller Haushalte Einpersonenhaushalte. Während in dörflichen Gegenden nach wie vor die Familien regieren, hat in den Metropolen eine Versingelung eingesetzt, deren Entwicklung längst noch nicht abgeschlossen scheint.

Auffällig ist aber, dass sich die Einschätzungen im Vergleich zu früher gravierend verändert haben. Das beginnt schon bei der Begrifflichkeit: Früher hieß der Single gemeinhin Junggeselle und war – natürlich! – männlichen Geschlechts. Sein weibliches Pendant wurde abwertend «alte Jungfer» genannt – Junggesellinnen gab es nicht! Heute hingegen sind unter den Singles beide Geschlechter fast gleich stark vertreten. Und im Gegensatz zum Junggesellendasein von einst schöpfen die gegenwärtigen City-Singles die Shopping-Möglichkeiten der Großstadt auch bei der Partnersuche gleichberechtigt aus – frei nach dem Motto: Nicht nur *der*, sondern auch *die* Nächste könnte noch besser sein. Mit einem Mal hat das «Drum prüfe, wer sich ewig bindet» eine völlig andere Bedeutung erlangt: Vor allem weibliche Singles – zumal jene, die noch unter dem Trauma der Lügen eines früheren Partners leiden – sind beim Eingehen neuer fester Bindungen überaus vorsichtig und leben lieber ihre noch relativ neue Unabhängigkeit aus.

«Es ist längst überfällig, die Lüge aufzudecken, wonach Single-Frauen, zermürbt und frustriert durch Einsamkeit, Kinderlosigkeit und vergebliche Dauer-Partnersuche, sich Nacht für Nacht in den Schlaf weinen, weil sie sich in Wirklichkeit nach nichts mehr sehnen als nach dem Mann, der endlich mal länger als eine kurze Affäre bleibt», schreibt Catharina Lohmann.

Ich möchte an dieser Stelle keineswegs den Eindruck erwecken, ausschließlich für ein Single-Dasein plädieren zu wollen. Ich persönlich schätze ein Leben mit Mann mehr als ein Leben ohne. Und ich bin Optimistin genug, neue Chancen zu suchen und auch wahrzunehmen. Geholfen hat mir dabei, wie Julia Onken die Motive für die Lügen von Fremdgängern analysiert hat: Hauptgrund ihrer Heimlichkeiten sei Angst – davor, den festen Partner zu verlieren, aus dem Freundes- und Bekanntenkreis verstoßen zu werden, vor einem ungewissen Leben mit einer neuen Partnerin. Psychologin Onken: «Sie haben tausend Ängste, die sie alle nicht wahrhaben wollen, auf die Kurzformel reduziert: Es ist besser, die Affäre … aus Rücksicht zu verheimlichen.»

Demnach betrügt ein lügender Fremdgänger nicht nur seine Partnerin, sondern auch sich selbst, indem er sich etwas vormacht. Er behauptet zwar, der Partnerin gegenüber rücksichtsvoll zu sein, missbraucht sie aber tatsächlich als Schutthalde für seine ungelösten Probleme. Der Fremdgänger fürchtet sich in Wahrheit vor dem Leben nach der Wahrheit.

Deshalb zum Schluss mein Rat, nein, meine Bitte an alle Lügenmänner: Zieht einmal in Betracht, dass nicht die Partnerin Euer Problem ist, sondern dass Ihr selber Probleme habt, die Ihr über eine Affäre regeln möchtet. Bedenkt, ob Ihr das Fremdgehen wirklich nur deshalb verheimlicht, weil Eure Partnerin die Wahrheit nicht ertragen würde, oder ob Ihr womöglich nur Angst vor den Konsequenzen habt. Und beachtet bitte, die Partnerin nicht zu belügen, wenn sie nach der Wahrheit verlangt – dies gehört zur grundsätzlichen Wertschätzung dem anderen gegenüber.

Literatur

Fischkurt, Eva Julia: Wenn Frauen nicht mehr lieben, Düsseldorf 1998

Grammer, Karl: Signale der Liebe – Die biologischen Gesetze der Partnerschaft, München 1998

Hollander, Dory: Die Lügen der Männer – und wie Frauen ihnen auf die Schliche kommen, München 1998

Hollstein, Walter: Nicht Herrscher, aber kräftig, Reinbek 1991

Hollstein, Walter: Die Männer – vorwärts oder zurück?, München 1992

Lohmann, Catharina: Frauen lügen anders, Frankfurt/M. 1998

Onken, Julia: Die Kirschen in Nachbars Garten – Von den Ursachen fürs Fremdgehen und den Bedingungen fürs Daheimbleiben, München 1997

Schnack, Dieter/Neutzling, Rainer: Der Alte kann mich mal gern haben – Über männliche Sehnsüchte, Gewalt und Liebe, Reinbek 1997

Schnack, Dieter/Neutzling, Rainer: Die Prinzenrolle – Über die männliche Sexualität, Reinbek 1995